フレーベル
教育学入門

生涯と教育思想

豊泉 清浩 著

川島書店

まえがき

フレーベルの名は、保育学や教育学を学んだことのある方なら、知らない人はいないであろう。彼は、一八四〇年にドイツのバート・ブランケンブルクに、世界初の幼稚園を創設した人物である。

ただ、幼児教育施設の歴史という観点から見ると、フレーベルの幼稚園が最初ではない。フレーベルの幼稚園より以前に、イギリスのロバート・オーエンが、一八一六年に幼児学校を創設している。幼児学校は、その後初等教育の内容と同質のものとして発展した。フレーベルが幼稚園を創設する以前に、ドイツには、託児所やイギリスの影響を受けた幼児学校が存在していた。しかし、フレーベルの幼稚園は、すでにあった託児所や幼児学校とは異なり、独自の思想を基盤に持ち、独自の遊具や運動遊戯により子どもの自由な自己活動を促進し、母親への教育や家庭への援助も視野に入れた、従来に見られない独創的な社会事業として発足した。今日世界中に流布している幼稚園は、フレーベルが創設した幼稚園を起源としている。

わが国最初の本格的な幼稚園は、一八七六（明治九）年に東京女子師範学校附属幼稚園として創設された。そこでは、欧米のフレーベル主義幼稚園の方法に依拠して恩物中心の保育を行なった。また、明治期に、主に北アメリカの女性宣教師がキリスト教の布教を目的に来日し、フレーベル主義の幼稚園を開設し、フレーベルの教育方法を伝えた。

わが国の幼児教育施設を歴史的に見ると、幼稚園と保育所の二つの施設が並存してきた。そのため、幼保一元化の要請が根強くあり、今日では幼稚園と保育所の両方の機能を有する「認定こども園」も創設されている。国際的に見ると、幼児教育は、フレーベルとモンテッソーリの流れに二分されるといわれるが、わが国の保育の内容を示す『幼稚園教育要領』や『保育所保育指針』にも、フレーベルの教育観の影響が散見される。

さて、筆者は、長年フレーベルについて書き進めてきた論文をまとめて、二〇一四年一〇月に『フレーベル教育学研究』（川島書店）を刊行した。保育や教育に携わる方々にも参考にしていただきたいと思ったが、専門的な内容が多く、難しい内容になってしまったように感じられる。また、フレーベルの生涯についての記述が断片的となり、全体が見渡しにくい。そこで、フレーベルの生涯についての記述をまとまりのあるものにし、前述した拙著の解説書としての性格を持つ書を構想することにした。

本書の第一部では、フレーベルの生涯について、生い立ちから青年時代へ、そして学園の創設と挫折、遊具の開発、幼稚園の創設と普及、幼稚園禁止令といった流れを、彼の心の葛藤と不屈の精神に焦点を当てて描いた。

第二部では、フレーベル教育学について、『人間の教育』における教育原理、学校構想から幼児教育へ、幼稚園の構想、父性と母性、フレーベル主義幼稚園の展開について論じた。

本書は、前述した拙著の解説書であることに留まらず、フレーベル教育学に関心のある方のための入門書の性格を備えたものとして執筆した。平易な論述を心がけたつもりであるが、フレーベルの思想が難解である点や、フレーベルの原典の雰囲気を損なわないように引用が多くなった点などにより、初学者にとっては若干難しいと感じられる箇所があるかもしれない。しかし、全体としては、フレーベルの学校教育学と幼稚園教育学の要点を論述できたと思っている。父性と母性の観点は、新しいフレーベル解釈として参考にしていただければと思う。もう少し詳しくフレーベルについて学ぼうと思われる方は、参考文献を参考にして、翻訳書や研究書に当たっていただければ幸いである。

このように、本書は、保育学や教育学を学ばれる方、フレーベルや保育所・幼稚園に関心のある方にとって、入門書となるように書いたつもりである。本書が、フレーベル教育学を学ぶ機縁となってくれるようであれば、筆者にとってこれにすぐる喜びはない。

目次

第一部　フレーベルの生涯

第一章　生い立ち

一　生まれ

フレーベル（Friedrich Wilhelm August Fröbel, 1782-1852）は、一七八二年四月二一日にシュヴァルツブルク-ルードルシュタットのテューリンゲン公国にあるオーバーヴァイスバッハで、牧師ヨハン・ヤーコプ・フレーベルの六番目の末子として生まれた。チューリンゲン地方は、ドイツ中部に広がる山岳森林地帯である。父は、教区の約五千人の住民の魂の救済に責務を持つ、誠実で、厳格で、几帳面で、頑固で、気性の激しい人であった。父には、道徳的厳格主義があり、彼はこの厳格主義によって教区と家庭を支配していた(1)。

母は、一七八三年二月に、フレーベルを出産して九ヶ月後に、三九歳の若さでこの世を去った。フレーベルは、自伝である「マイニンゲン公宛の手紙」において、「母の死によるたいへんな打撃によって、わたしの生活の外的な現象とその進展は左右されたのです。この事件は、わたしの外的な生活の現象を大なり小なり条件づけた出来事だった、とわたしは思うのです(2)」と述べている。父は、教区の仕事が忙しかったため、フレーベルの養育を、奉公人や兄たちに任せた。フレーベルにとって、父は、子どもの頃はもとより、生涯を通じて遠い存在だった。フレーベルは、後に一四歳年長の兄クリストフと親密な関係を持つことになる。フレーベルによれば、「そんなわけで、フレーわたしには母はなかったが、父だってなかったといってもよいくらいなのです(3)。」

一七八五年に父親は再婚している。二人目の若い母ゾフィーは、溢れる信頼をもって彼女を迎え、その母性愛を期待していた幼いフレーベルを、当初は心からの好意をもって迎えている。しかし、二番目の母は、自分の息子が生まれると間もなく、フレーベルを親しみを込めて親称の du で呼んでいたのを止め、人を遠ざける三人称の er で呼ぶようになった(4)。フレーベルは、再び放任され続けた。

フレーベルは、幼い頃から自己沈潜、内省癖、他の人間との結びつきから離れて過ごす傾向などの、最初の原因をこの点に見ている。このような境遇の中で、フレーベルの関心は、近くの自然に向けられるようになる。外界との関係は、自然、とりわけ観察や思考を通じての植物との親密な関係を形成していった。「自然や植物世界や花の世界は、わたしが見、かつ理解できるかぎり、間もなくわたしの観察と物思いの対象となりました(5)。」こうした物思いの対象は、自然界に向けられただけではなかった。「家庭生活もすでにこのころから、しばしば自省と物思いの機会をわたしに提供しました(6)。」幼い頃から自己内省的な傾向を強く持っていたフレーベルは、少年期の初めにすでに、自己の注意が自己の内面へ向かうようになっていた。

父は、古い時代の神学者で、家庭内では、真に古代キリスト教徒的生活が支配していた。朝夕に父によって家族の全員が召集され、神学者たちの教えが語られた。フレーベルは、「このようにわたしの生活は、早くから自然により、勤勉により、宗教的気分によって影響を受けました。あるいはこういった方がよいかもしれません。あらゆる人間存在の自然で本源的な方向づけが、わたしの場合にも芽生えのうちに養われたのです(7)」と述べている。

一七八九年、フレーベルは、オーバーヴァイスバッハの女子校の小学校に入学した。当時、教会と学校とは一般に一定の相関関係にあった。子どもは教会へ行く義務を負い、説教を注意して聞いたことを証明するために、次の月曜日に教師に向って説教者が説教の中で引証文として挙げた聖書の文句を、どれか一ついわなければならないことになっていた。子どもの心に最もふさわしい文句が、子どもの習得と暗記の対象となった。この小学校への入学は、フレーベルにとってより高次な精神生活の誕生であった。女子校では、女子と一緒に共同で聖書を読み、日曜日に教会で歌われる讃美歌を一節ごとに習わなければならなかった。

このようにフレーベルは、教会と学校との相関関係の中で、キリスト教徒としての教育を受けた。フレーベルにとってその基礎は、家庭生活にあった。父の家庭生活は、学校制度と完全に調和していた。

フレーベルは、少年期初期における事物への問いかけながらの観察と、内部世界と外部世界の比較並びにそれらの相互作用が、その後の自分の全生涯の基調になっていると確信している。彼は次のように述べている。「たえまない自己観察と自己省察と自己教育とは、幼い頃からのわたしの人生の根本性格でありましたし、その後もひきつづきそうでした。[8]」「自分自身の教育に絶えず努める人間の欲望や活力を、刺激し、活気づけ、目覚めさせ、強めるということもまた、わたしの教育的活動の根本主張となって、それ以後変わることはなかったのです。[9]」つまり、人間は絶え間ない自己教育の過程にあって努力し続けることが重要であって、そのために人間の欲望と活力を喚起し育成することに、自分の教育計画と教育手段のすべてが向けられたと主張している。

現代ドイツのフレーベル研究の第一人者であるハイラント（Helmut Heiland, 1937-）によれば、「母親を亡くしたこと、そして自然への愛と並んで、フレーベルの幼年期は、彼の父親のドグマ的なキリスト教信仰によって規定されている。日々の朝夕の礼拝、そして、日曜ごとの礼拝式への出席――フレーベルは、この式に聖物納室でひとりきりで出席しなければならなかった――は、彼を、罪と罰によって定められ、子どもを不安におとしめるようなキリスト教的自己理解と結びつけたのである。[10]」

フレーベルは、正統神学のしめつけるような無情な言い回しを、とっくに概念に替えていたが、それには多分二つの事情が特に与って力があった、と述懐している。[11] まず第一に、このような言い回しをいやというほどしばしば聞いていた。というのも、父が家で授けていた、堅信礼を受ける少年少女のための聖書講読にも、定期的に出席していたからである。第二に、フレーベルは、父の行なう厳格で真面目な司牧の無言の証人であり、忠告や慰めを求めて牧師館に出入りする多くの人と父との間の頻繁な交渉の、無言の証人であることもしばしばであった。

父親は、結婚問題や性の問題を、訓戒し懲戒し、非難の対象とすることもしばしばであった。そのためフレーベルは、人間が男女両性に分かれている事実に対して、深い苦痛と悲しみを感じていった。そこで大学から帰省していた長兄のクリストフに、フレーベルがハシバミの芽の紫色の糸に対する喜びを打ち明けると、クリストフは花の中にも性的に人間と同じ差異があることを、フレーベルに教えた。それによってフレーベルは、安らぎを得た。「フレーベルは、自分を苦しめていたものが、実は自然の摂理であることを認識した。「それからはまるで、人生のあらゆる迷路でわたしを案内してくれるはずのアリアードネの糸を手に入れたみたいでした。時には完全に隠遁的な大きな中断によってくもらされた時もありましたが、この五十年以上にもわたる自然との生活は、わたしにこの世界が、特に植物や樹木の世界が、人間生活の鏡、いや象徴ですらあるということを、最高に精神的な関連のなかで知らせてくれたために、聖書に善悪の認識の木の話がでていると、それをわたしは人間の心情や生活の最大最深の予感として認めるのです。[12]」フレーベルは、キリスト教に教会宗教が要求する事柄に矛盾を感じることがあったが、次のような思いが浮かんで幸せになった。「つまり、人間の本性からいって、人間がイエスの生涯を再び純粋な形で生きかつ実現することは、決して人間にとって不可能ではないのであって、人間は正しい道を歩むかぎり、イエスの生涯の純粋さに達しうるのだという思想です。[13]」

父親も二番目の母親も、フレーベルを疎んじた。両親の心がフレーベルから離れていくにつれ、フレーベルの生活も次第に二人から離れていった。フレーベルは、長兄を慕った。長兄は、フレーベルの本性の人間的要素を認めてくれて、しばしば虐待からかばってくれた。フレーベルは、「しかしながら、わたしの心はその時以来、彼の心ときわめて親密に結ばれて、彼の死後、この愛はわたしの生涯の転回点となりました(14)」と述べている。

フレーベルを孤独から解き放ったのは、生みの母の兄、すなわち母方の伯父、イルム市の地方監督官クリストフ・ホフマンであった。一七九二年の末に、フレーベルは伯父の家に引き取られ、伯父の家の近くの都市学校（初等学校）男子校の上級クラスに転校した。親切で温和な伯父の家で、幸福な四年間を過ごした。「父の家に厳しさが支配していたとすると、ここには善意とやさしさがみちていました。(15)」フレーベルは、父の家では誤解を見たが、伯父の家では信頼を見つけた。父の家では、強制を感じたが、伯父の家では、自由を感じた。しかし、フレーベルは、数学以外は、何ら優れた才能を示さなかった。彼は、優等生ではなかったが、一緒になって少年らしい歓喜を発散することのできる同年輩の仲間と友情を得た。「イルムシュタット市の学校でよく勉強したのは、読み方と書き方と算数と宗教でした。(16)」

フレーベルにとって、伯父と父親とは、その性格において対照的な人物として写っていた。「ところで、伯父は父と同じく、受持ち教区の誠実な牧師でした。しかしながら彼を導いていたものは柔和な博愛の精神でした。父を規定していたものは、自分の行為の正しさを信じて疑わぬ心でした。父はまじめで厳格でした。(17)」伯父の柔和な博愛の精神に対して、父は厳格主義を貫いていた。

フレーベルは、伯父を通して、他のタイプの宗教に接する。厳格な農民の信心深さの代わりに、彼はさらに敬虔派的な特徴を知るようになる。「堅信礼の時期と、今までしばしば触れてきた伯父が執り行ないました堅信礼とは、準備ともども過ぎてしまいました。その中にわたしは、きわめて強烈で、わたしの全生涯にきわめて強く関与してくる印象を持ちました。そして、わたしの命脈のすべてが、その結合点と支点とを見い出したのです。(18)」フレーベルは、堅信礼を通じて、自分の人生がキリスト教によって規定されているとの自覚を持つとともに、キリスト教の信仰を終生持ち続ける確固とした信念を得たのである。

二　少年時代から青年時代へ

都市学校卒業後、フレーベルは実践的職業に就かなければならなくなる。彼は、大学で学んでいた兄弟、クリストフとトラウゴット、そしていずれにせよ大学に進むことに決定していた異母兄弟、カール・ポポ（一七八六年生まれ）に比べ、ないがしろにされ、別の道を歩むことになる。

フレーベルは、年金事務局での書記になろうとして失敗した後、一七九七年六月、ザーレ湖畔にあるヒルシュベルクの林務官ヴィッツのもとで、測量技士の見習いを始めた。この林務官は、しばしば筏業で多忙であったため、彼はここでも再び放任され続けた。彼は、数学と植物学の書物に熱中していた。ヴィッツは、こうした行ないを承諾せず、一七九九年に、フレーベルに「全く不十分な証明書」を渡して彼を解雇した。父親は、この若者がどうなることかと途方に暮れている。

フレーベルは、イエナで医学を研究していたトラウゴットを訪れることによって、兄たちと同様に研究をしたいと望むようになる。兄クリストフ、トラウゴットの支援を受け、結局、フレーベルは、大学での勉学に対する父親と継母の反対を押し切り、母親の相続分から拠金させることに成功した。父親は、長い躊躇の末、これを承諾し、フレーベルが母親の財産の相続権を要求することを認めた。フレーベルは母の少しの遺産を受け取り、一七九九年、再びイエナに行き、十月二二日に、哲学科生としてイエナ大学に登録される。その時イエナ大学では、ザクセン＝ワイマールのカール・アウグスト公爵が大学総長であり、フリードリヒ・シラー（J. C. F. v. Schiller, 1759–1805）は歴史学の教授として、そしてシェリング（F. W. J. v. Schelling, 1775–1854）は哲学者として、教壇に立っている。

フレーベルが聞いた講義は、応用数学、代数学、幾何学、植物学、鉱物学、博物学、物理学、化学、財政学、森林の栽培と森林一般について、芸術および一般建築術と測量についてであった。地形描写の方も、彼は引き続き行なった。当時イエナ大学で学ぶ若者の多くを虜にした、シェリングの講義を聞いていたかは、はっきりしない。ただ、シェリングの思想界との直接の対決は、ようやくイエナ時代の後に始まる。

一七九九年と一八〇〇年の冬ゼメスター（学期）の間に、彼は、自然諸科学の研究を開始し、自然科学の基礎、とりわけバッチュ教授のもとで植物学を、ゲットリング教授のもとで化学を学んだ。特にバッチュ教授によって一七九三年に創設され、ゲーテ（J. W. v. Goethe, 1749–1832）やシラーも所属していたイエナの「自然研究会」の中に鉱物学会ができ、その学会は一八〇〇年七月、一八歳の学生フレーベルを正会員に迎えている。植物学と化学に関する徹底的な研究によって、フレーベルの自己形成への努力は初めて成就された。

ところが、第四ゼメスターで、彼は勉学を中断し、自分の落ち度で拘禁されるはめとなった。彼は、数多くの講義ための授業料と書物購入のために、生活を切り詰めたにもかかわらず、学業を終える以前に母親の遺産を使い果たす結果になった。『自伝』によれば、自分の学資の大半を兄に融通していたところ、兄が返済不可能になり、今度はフレーベル自身が次第に困窮してしまい、フレーベルが食事を摂っていた食堂に三〇ターレルもの借金ができてしまった(19)。食堂の主人は借金の返済を、何回となく大学の評議会を経てたびたび迫ったし、またフレーベルの父親究に直接要求したが拒否された。結局フレーベルは、イエナ大学の監禁室で九週間も拘置されることになった。当時ドイツの大学には、いわゆる大学裁判権というものが認められていて、一八七九年までは学生や教授やその他の大学職員に対する民法刑法上の裁判を大学法廷で行なっていた。

当初父親は自己の厳格主義に従って、フレーベルの依頼状には返答しなかった。そして次にフレーベルが父親の財産の相続権を断念してようやく父親は借金を支払い、彼を引き取った。つまり、フレーベルが父親の遺産の放棄を宣言することを条件に、父親はフレーベルの釈放に尽力することを約束したのだった。

一八〇一年にフレーベルは、再び屈辱の中で親の家に戻った。親戚のグライナー氏が彼を三か月だけ簿記係としてヒルトブルクハウゼン地方のヴァイタースローダの農場へ引き取ったが、そこでの滞在は、双方にとって不満なものであった。

そこで父親は、フレーベルに、オーバーヴァイスバッハに戻って彼の筆記の公務を手伝うように命じた。この呼び出しに、従順な息子として従うには、彼の自負心の克服を要したと推察される。フレーベル自身、この服従に関して自負心に打ち勝った、という安堵を感じたようだ。(20) というのも、父親がフレーベルの人生に厳しく指示し、介入したのもこれが最後となったからである。フレーベルは、できるだけ父親のそばにいて手伝いをした。協力して仕事をした数か月間、フレーベルはついに父親の心を一層知るようになり、父親の方も次第に息子の中にあるものを理解するようになる。冬には、父親は重い病気にかかり病床につく。この時、息子と父親はついに心からわかり合ったのである。一八〇二年二月一〇日、父親はこの世を去った。

第二章　教育者を目指す

一　グルーナーとの出会い

フレーベルにとって遍歴時代が始まり、広くドイツ中を旅するとともに、これによって彼は重要な知己や教育体験を得ることができた。フレーベルは、一八〇二年の春、バンベルクのバウナッハで、当地の税務、山林、十分の一税局の林務官書記（測量技師）として初めて専門職に就いた。この地で、フレーベルは彼の上官のチェコ人の家庭教師クーリシュに出会い、心からの友情を結ぶことになるが、数年後にこのクーリシュがフレーベルの人生に決定的な転換をもたらすことになる。しかし、フレーベルは、クーリシュの示す職業には、いまだ関心を持っていなかった。

フレーベルは、一八〇三年にバンベルクへと向った。当時のドイツの領主は、帝国代表者会議主要決議（一八〇三年）によって、ライン左岸を失う代わりに、宗教上の領主と比較的小さな帝国直属自由諸都市を陪臣化するようナポレオンに要求された。司教区バンベルクは、バイエルンに属することとなった。大規模な測量作業が必要となり、フレーベルはさっそく職にありついた。こうして彼はある小さな所領も測量することになったが、この所領の共同所有者は、フレーベルのイエナでの勉学時代からの知り合いであった。この人ライベル博士は、フレーベルに、シェリングの著作を読むように授けた人でもあった。いずれにせよ、フレーベルは、シェリングの著作によって、数学と自然諸科学を超え出ていく哲学的存在解明についての最初の印象を受け取ったのである。(21)

一八〇四年初め、フレーベルは『一般ドイツ新聞』に求職広告を出し、さまざまな申し出を受け取った。その結果彼は、ノイブランデンブルクの農園グロース＝ミルヒョウに住む枢密顧問官フォン・デーヴィッツのもとで私設秘書として職に就くことに決定した。フレーベルは、この応募に、地理学と建築学の作品（ある田園の城の計画）を添えていた。彼は、今や建築学に従事しようとしていたのである。彼はこの時期に、建築学に携わっていたが、しかしまた文学にも親しんでいた。彼は、ヘルダーやゲーテを好んで読んだが、新しい洞察を得ることになったのは、とりわけ三人の作家たちによってであった。それは、プレーシュケの『人類学断章』、『ノヴァーリス著作集』、アルントの『ゲルマニアとヨーロッパ』である。

一八〇五年四月、フレーベルはグロース＝ミルヒョウを後にし、さらに数日をウッカーマルクの農園クルムベックにいた友人メイヤーのもとで過ごした。その後徒歩で、さらにフランクフルトへと旅を続けた。

一八〇五年六月、フレーベルはフランクフルト・アム・マインに着いた。友人のクーリシュによって、彼はその地の「模範学校」の校長をしていたゴットリープ・アントン・グルーナー（Gottlieb Anton Gruner, 1778–1844）を紹介された。この「模範学校」は、州のすべての教師のための「模範学校」に発展させる予定であった。グルーナーは、ペスタロッチー（Johann Heinrich Pestalozzi, 1746–1827）の信奉者で、この学校では、ペスタロッチーの教育原理によって授業が行なわれていた。グルーナーは、ルソー（Jean-Jacques Rousseau, 1712–1778）の教育思想を継承する立場である汎愛派のザルツマン（一七四四―一八一一）の教育施設、シュネプフェンタールで働き、またイヴェルドンのペスタロッチーのもとにも滞在したことがあった。グルーナーは、フレーベルの内に、彼自身の理想主義が再現されているかのように感じた。グルーナーは、フレーベルとの人生計画についての議論の中で、フレーベルに、呼びかけることになる。「グルーナーはわたしの方に向き直りながら言いました。「ああ、あなたは建築業はおよしなさい。それはあなたには向いていませんよ。教育者になりなさい。わたしたちの学校では先生が一人足りないのです。同意してくだされば この地位はあなたに差し上げましょう。」[22]」グルーナーは、フレーベルに強い印象を与えた。そして、非常に誠実な人間であったようだ。

フレーベルは、一八〇五年夏には、グルーナーの学校の空きになっていた席につき、三、四〇人の少年たちを教えている。八月には、その体験をもとに、兄クリストフに手紙を書き、教師は天職だと報告している。「わたしに託された授業科目は算術と図画と地理とドイツ語でした。わたしはたいてい中学年を教えました。九歳から十一歳までの少年三十〜四十名のクラスでの最初の授業と学校経営についての印象を、わたしはすぐにも兄あての手紙で述べました。自分では知らなかったが、長いあいだ憧れていたもの、長いあいだ見失っていたものを得たような、ついに自分の生命の要素を見いだしたような気がする。わたしはまるで水を得た魚、空飛ぶ鳥のように幸福だ、と。[23]」

グルーナーは、フレーベルにペスタロッチーの論文を読むように提案した。フレーベルは、この論文に魅了され、秋の休暇にイヴェルドンへと旅をしたいと思った。しかし彼にとってそれは、経済的に不可能であった。クーリシュは、裕福で有力なフランクフルトの貴族の家柄であるホルツハウゼン家の家庭教師だったが、今度はフレーベルをもここに連れて行く。そこでフレーベルは、フォン・ホルツハウゼン夫人と知り合うことになる。

一八〇五年の初秋、フレーベルは三週間徒歩でイヴェルドンへの旅をする。イヴェルドンから戻る道中、彼は郵便馬車を利用した。というのは、フォン・ホルツハウゼン夫人がこの費用を持ってくれたからである。ペスタロッチーの信奉者でもあったカロリーネ夫人はそのような形で初めて、若いフレーベルへの共感を表明し、フレーベルの人間形成の途と、人生の方向に次第に大きな意味を持つようになる。

一四日間のイヴェルドン滞在は、フレーベルに感銘を与えたのみで、必ずしも問題を解明するような影響を与えることはできなかった。彼によれば、「ペスタロッチの方法をわたしはその必然性の点ではたしかに認めてはいましたが、人間を満足させるだけの潑剌さに欠けるように思っていました。[24]」

一八〇四年に入手したイヴェルドン城のペスタロッチーの教育施設は、すでに、ペスタロッチーの二人の弟子ヨハネス・ニーデラー（J. Niederer, 1779-1843）とヨーゼフ・シュミット（J. Schmid, 1786-1850）の間の最初のあつれきによって特徴づけられる。ニーデラーは、シェリングの信奉者であった。ペスタロッチーは、ニーデラーによって、自己の基礎的メトーデについての一層の哲学的な基礎づけを開示されたのである。それに対して、シュミットは、彼自身ペスタロッチーの生徒だったのだが、その後イヴェルドンで彼の共働者となった。シュミットの数学と教授の能力は、ペスタロッチーに感銘を与えた。フレーベルは、シュミットの肩を持っていた。というのは、彼は、シュミットに気質的な親しさを感じたからである。

とりあえず、フレーベルは、フランクフルトの模範学校へと戻った。彼の教授科目であった算術、図画、地理、ドイツ語の授業は、彼にとって満足なものであったし、またさまざまな提案によって、とりわけ校則の構想によって、模範学校のさらなる発展に寄与している。しかしまた、これと並んで、彼は、すでに緊密な接触を通じてフォン・ホルツハウゼン夫人と結びついていた。同じ精神的関心と、ペスタロッチーの教育改革に対する共通の信念によって精神的一致が成立し、それがフレーベルをますますフォン・ホルツハウゼン家へと結びつけたのである。[25]

二　家庭教師となる

当時三一歳であった四児の母、カロリーネ・フォン・ホルツハウゼンは、自分の三人の息子の教育のことを非常に気にかけていた。三人の息子は、一一歳になるカール、八歳になるフリッツ、六歳になるアドルフである。カロリーネは、フレーベルが自分の子どもたちの教師になってくれることを望んでいた。四歳になるゾフィーもまた、この教育計画の中に組み込まれることになっていた。フレーベルは躊躇した。家庭教師という職によって、なるほど、この家族と強く結びつくようになり、そして多様な接触と重要な社交的関係を獲得することはできるが、しかし教師としての彼の任用とは裏腹に、大きな依存関係が生じる可能性が存していたからである。イヴェルドンから戻った後、フレーベルは、とりあえず、グルーナーと、模範学校に三年間勤める契約を結んでいる。そこでフレーベルは、カロリーネの依頼についてグルーナーと話し合った。

フレーベルは、きっぱりと以下の条件をフォン・ホルツハウゼン家に示した。すなわち、三人の子どもと共に、自分たちの家計を営み、両親と離れて田舎に住み、子どもの扱いと教授の方法において、ルソー流にまったく無拘束でありたい、という条件である。しかし、フレーベルは、自分が父親の課題を代理するということ、また、ゲオルク・フォン・ホルツハウゼンがフレーベルの教育計画にも、彼自身の教育上の父の義務にも冷淡に対立しているということをすぐに認識したのである。

フレーベルは、一八〇六年六月二四日家庭教師（侍従長）となる。当時この職は、多くの上流階級の知識人の成長過程の典型的一段階でもあった。大学教育を受けた多くの若者にとって、それは、多くの場合、経済的な安定を得るための唯一の割に合う職業であった。

フレーベルは、四人の子どもたちとともに、エシェンハイマー門の前にあるオーデの別荘を入手し、そこで教育的な田園生活という自己の計画を実現する。この中には、ルソーの思想と、フレーベル自身の経験と洞察が流れ込んでいる。[26] 彼は、最初から自己活動を要求し、生徒たちを周囲、とりわけ父親の悪影響から引き離すよう努めた。まもなくフレーベルは、彼の生徒たちの「すばらしい心からの愛情」を獲得することになり、その愛情は家庭教師をやめてからも、長く続くことになる。

確かにフレーベルは、家庭教師という立場につきものの屈辱を、ホルツハウゼン男爵の側から受けなければならなかった。しかし、少年たちの母である、教養があり感受性豊かなカロリーネは、フレーベルにとって、促進的で励ます影響を与える。ホルツハウゼン夫妻の結婚はうまくいっていなかったが、カロリーネは、夫に対する精神的優越とそれに応じた自主性を獲得するようになっており、これによってフレーベルとの関係にも十分な自由が得られていた。

一八〇六年にカロリーネが妊娠したことは、フレーベルにとって特別な意味を持つことになる。それは、カロリーネが、新たな望ましい母親として立ち現われ、フレーベルにとってより気高い、より精神的な、より高貴な存在となったと彼が感じたことによるようである。フレーベルは、一八〇八年に、一八〇七年に出産したカロリーネのために出産祝いを催している。フレーベルの生徒たちの母親との関係は、一八一一年まで友好的で親密なままであった。フレーベルはこの魂の友の内に、精神的・教育的同志の姿を、そして今は亡き母親の面影をも見ていたのである。この女性の高い教養と同時代の精神を獲得しようとする彼女の開かれた態度が、フレーベルの自己陶冶にとっての重要な刺激となっていた。[27] フランクフルト時代にフレーベルが読んだものは、書き尽くせないほど多量で多面的である。それを通して両者の世界観の広範な一致が、相互の理解を豊かにする基礎ともなった。

三　ペスタロッチーの学園で学ぶ

当時イヴェルドンを訪ねることは、フランクフルトの社会では魅力的なことであった。ますます増大するペスタロッチーへの感嘆によって、そのことは確実に強められていた。

イヴェルドンへの旅は、一八〇八年九月二七日に始まった。ゲオルク・フォン・ホルツハウゼンとカロリーネが、ペスタロッチーのもとへ向かう三人の息子カール、フリッツ、アドルフとフレーベルに付き添った。

なぜフレーベルは、彼の生徒たちとイヴェルドンへと向かい、そこでペスタロッチーの弟子としての、そして自分の生徒たちの教師としての二重の役割の中で暮すことになったのであろうか。そもそもゲオルク・フォン・ホルツハウゼンの無理解は、ホルツハウゼン家に留まるようフレーベルの気持を動かすことができるものではなかった。決定的であったことは、フレーベルが完全な教育的責任を委託され、それを保持していたということ、そしてカロリーネがフレーベルの気分を変えさせ、そこに留まるよう彼の心を動かすことが可能だったということである。今やイヴェルドンでの滞在によって、フレーベル自身人格的に陶冶され、しかし同時に、彼の生徒たちも、父親の影響から免れることができるようになる。

当時ペスタロッチーの名声は、「教育と教授の合いことば」となり、イヴェルドンは進歩的教育者の巡礼地となっていた。フレーベルは、とりわけペスタロッチーのメトーデの研究に没頭した。しかし一方で、イヴェルドンでの生活管理は厳しかった。生徒の授業時間は、一日一〇時間にまでのぼった。

メトーデとは、ペスタロッチーの独特な教育方法を意味する。メトーデは、直観の三要素である数、形、語から出発し、数、形で捉える直観を語、すなわち名称と結びつける方法である。この直観教授は、直観を明瞭な認識へ発展させる。

すでにフランクフルト時代に教育論文を読んでいたことによって、ペスタロッチーのメトーデに関するフレーベルの理解はより批判的なものになっていた。この批判は、ペスタロッチーの基礎（的）メトーデの端緒（考え方）に対する批判者たちと、基礎的な数、形、語の教授を通じて理解のカテゴリーを築くというペスタロッチーの方法の形式に向けられたもので、この方法それ自体の基本的な観点に向けられたものではない(28)。つまり、メトーデによる子どもの合自然的発達というペスタロッチーの思想は、フレーベルにとって、その端緒においては原理的に正しいものなのである(29)。フレーベルは、以後、彼の人生における恩物の時期、幼稚園の時期に至るまで、その基礎的メトーデにかかわることになる。

この間（一八〇九年）、フレーベルは、ペスタロッチーの教育原則を叙述して、それを故郷の公爵（カロリーネ・フォン・シュヴァルツブルク＝ルードルシュタット侯妃）に送った。この報告（建議）は、三度に亘る手紙で行なわれた。フレーベルは、ペスタロッチーのメトーデをその領邦の学校に導入し、「幾人かの有能な若い男性」をイヴェルドンに教師養成のために、派遣してもらいたいとの要請を添えた。フレーベルの書簡は、侯妃に好意的に受け入れられた。しかし、その提案の審議を委任された、牧師から構成されている委員会は、結局、ペスタロッチーの教授法を導入するために、二年以上の年月を必要としたのであった。多くの判定者は、ペスタロッチーについて高く評価したが、すべての子どもを学校にやることや、教師の教育の程度や経済的状況を、フレーベルのいうほどに引き上げることは不可能だと判断したからである。

フランクフルトおよびイヴェルドン時代に、フレーベルにとってペスタロッチーのメトーデの難点が明らかになったのは次のような理由からであった。すなわち、基礎的メトーデを用いた教授実践に見られる人為的・機械的な点を批判し、しかしそれと同時にその端緒を認めさせること、つまりこの端緒をより深く基礎づけることが、いかなる理論的基礎づけによって可能なのかが不明確であったということである(30)。

二年間継続されることになるフレーベルの二度目のイヴェルドン滞在は、ペスタロッチー的な学校実践を徹底的に知り尽くしたこと、そしてそこからの離脱の開始を特徴とする。フレーベルは、一八〇八年に、その国際的名声の極みにあったペスタロッチーの学園を体験している。「大体においてわたしは、イフェルテンでは感銘深くすばらしい、わたしの人生にとって決定的な時を過しました。それでもこの時期の終わりになって、内的統一性と必然性、並びに外的な多方面性と完成度の不足に、次第にはっきりと気がついてきました(31)。」（イヴェルドンはイフェルテンとも表記される。）

それに対して、一八一〇年八月半ばのフレーベルの退去は、極めて深刻な分裂と内部緊張が襲った時期に属している。ペスタロッチーの世界的名声を決定づけたこの学園は、そこで働くだれの目にも明らかな荒廃の徴候を示していた。学級における無秩序と無規律、教師間の争いと陰謀は、部分的には、ペスタロッチーが学園を統率するのに不向きであったことを示している。

ペスタロッチー学園の教師たちの間には、欠陥を埋め、変革を迫ろうとする努力があると同時に、自己満足や外的な見せかけを守ろうとする態度もあった。この対立の双方を代表するのが、若く才能に恵まれたシュミットと若干年輩のニーデラーである。基本的に、両者の対立は、シュミットとニーデラーの性格の相違によって惹き起こされたものである。ペスタロッチーは、この両者を調停しようとしたが無駄だった。

ペスタロッチーは、イヴェルドンで実践されているメトーデの評価を地方当局に依頼し、幸先のよい成果を期待していた。ニーデラーは、それに応じた審査に賛成であり、シュミットは反対であった。審査官ギラルトの報告は、否定的なものとなった。そのために、実践的改革家シュミットとニーデラーの間の緊張は尖鋭化したのである。フレーベルは、一部の教師たちとともにシュミットの側につき、基礎的メトーデについての、より広範な教授実践的解明という分野におけるシュミットの能力を承認していた(32)。

他方、フレーベルは、基礎的メトーデについてのニーデラーの思弁的解釈を、経験とのつながりが希薄であるという理由で拒絶したのである。ペスタロッチーは、ニーデラーを支持していた。一部の教師たち、すなわちシュミット派は、一八一〇年の経過とともにイヴェルドンを離れて行った。シュミット自身は、七月にそこを去った。ペスタロッチーは、フレーベルを味方に引き入れようとした。そのために衝突が生じた。ペスタロッチーは、フレーベルに自分に対する恩義を思い起こさせた。フレーベルは、こういう類の結びつきを受け入れることができなかった。しかし、意見の相違にもかかわらず、フレーベルは、ペスタロッチーを常に尊敬し、後には、彼を球体者、すなわち球体の統一哲学の代表者たちに加えていた(33)。

フレーベルとペスタロッチーの間の衝突は、ホルツハウゼン家との関係にも影響を及ぼした。カロリーネ・フォン・ホルツハウゼンは、フレーベルをとがめた。それに対して、ゲオルク・フォン・ホルツハウゼンは、イヴェルドンの生徒たちを連れて出るというフレーベルの提案に賛成した。フレーベルは弁明し、そしてゲオルク・フォン・ホルツハウゼンに、フランクフルトへ生徒たちを連れ返った後、彼らの教育を「より完全な、より知識豊かな人」に委ねることを要請したのである。

フレーベルが、シュヴァルツブルク＝ルードルシュタット侯妃に宛てた第三の手紙で申し出た、自分をイルム市の学校で教師として雇用してほしい旨の要請も、結局、その任用に至らない。フレーベルは、そこでペスタロッチーのメトーデを確証しようとする意図を持っていた。それと同時に、彼は、当時としてはかなり近代的な教育改革計画を展開し、それは指針の規定から出発して、しかも、個々の学校に独自の教授計画を示そうともした。しかしこの提案もまた顧慮されることがなかった。結局、一八一〇年八月二二日、フレーベルは、再びフランクフルトのオーデの家に戻った。

オーデでの教育活動の再開は、当然多くの困難を伴った。フレーベルをそこに留まらせたものは、生徒たちに対する彼の教育的義務であったし、また確かに、カロリーネ・フォン・ホルツハウゼンとの関係でもあった。三五歳になるカロリーネは、フレーベルが留まってくれることを歓迎しており、彼女は、その後も魂の友であり、精神的に刺激を与えるパートナーであることを望んでいた。しかしながら、一八一一年六月、フレーベルは、突如ゲッチンゲンに向けて出発する。しかも、それ以前の三月初めに受けた、契約に反した家庭教師職の解雇通知は、それに先行していた。この間のいきさつについて、ハイラントは次のように推測する。「二人の関係が愛へと展開し、性的成就を見、そのためにフレーベルが逃避したのか、それとも、カロリーネがフレーベルをもはや一人の若い、刺激に多感な男ではなく、一人の成熟した男、すなわち自己自身のその後の人生展望にかなりの信頼を抱いているフレーベルに出会い、そのことによって自信を喪失し、彼を斥けたのか――われわれにそれを知ることはできない。」(34)

第三章　学園創設から幼児教育へ

一　ゲッチンゲン大学からベルリン大学へ

一八一一年六月二三日、フレーベルはゲッチンゲン大学に入学した。新たな勉学を開始しようとしたフレーベルの動機は、「古典語の能力の不足」と「とりわけ博物学のレッスンの不足」であった。ゲッチンゲンでのフレーベルは、イエナでもそうであったように、下宿に引きこもって生活しており、友人がいないことを気にしながらも、学生たちの活動には加わらなかった。何よりもフレーベルは、イエナでの苦い経験から、かつてのような経済的破産を回避するように努めていた。

ゲッチンゲンでの研究は、一般教養、すなわち博学的・百科全書的知識から、言語研究を経て、化学、鉱物学、物理学、地学のような自然科学的な、しかも無機的生のみに関する諸学科へと向かう。そしてゲッチンゲンで、一八一一年夏の彗星が見える期間に、フレーベルは、彼の世界観・基本思想である「球体法則」の着想を得たといわれている。彼は次のように述べている。「わたしは天文学にはまったくの門外漢でしたので、一つの大彗星の出現をいっこうに知らずにいました。これを今や、いわば一人で発見したわけですが、そのことがわたしに特別の感激を与えました。この彗星は静かな幾夜を通してわたしの考察の対象でしたが、一般に普及している球体の法則の思想は、特にあの頃、あの夜の散歩において発展し形成されたわけです。そしてこの散歩から帰ると、わたしはわたしの思索の結果を記録し、しばらく睡眠をとってから、わたしの精神の発展の続きを追ったりしました。[35]」

ハイラントは、「フレーベルにとって、一八一一年の球体法則は、統一と多様性の関係を哲学的に把握し、それと同時に、カロリーネ・フォン・ホルツハウゼンと彼自身の関係を、夫婦関係の姿で、すなわち引き合いと反発の姿で説明しようとする効果的な試みである[36]」と述べている。球体法則は、難解なことで知られているが、その概要と解釈については第二部で説明を加える。

フレーベルは、一八一二年一一月初めに、創設間もないベルリン大学への入学手続きを取った。これは、ゲッチンゲン大学からの転学を意味する。彼がベルリンへと向かったのは、クリスティアン・ザミュエル・ヴァイス教授(Christian Samuel Weiss, 1780-1856)の結晶学の講義を聴講するためであった。ヴァイスは、鉱物学の教授であった。ほぼ同年齢の両者には、間もなく、心からの友情が芽生えた。フレーベルは、ベルリン大学では、結晶学研究の他、フィヒテ(J. G. Fichte, 1762-1814)の講義を聴講している。

生活上の必要性から、フレーベルは再び教育実践にかかわっている。ヨハン・エルンスト・プラーマンが創設し、彼が校長を務める学校で授業を担当している。プラーマンは、ドイツにおける最初のペスタロッチー信奉者であり、一八〇五年、ベルリンに教育施設を設立し、そこでペスタロッチーの基本的特色を人文主義的教授に適用することを試みた。やがてこの施設は、若い教師の養成施設となった。しかしフレーベルは、プラーマンの教育施設では、ほとんど新しいものを見出さなかった。むしろ、フレーベルは、このプラーマンの教育実践に言及するのを避けている。そこではフレーベルが好奇な印象を与えていたようである。

二　リュッツオー義勇軍に加わる

フレーベルのベルリン大学での勉学は、一八一三年三月の反ナポレオン解放戦争の勃発によって中断される。ロシアにおけるナポレオンの敗北の後、ロシアとプロイセンの同盟が成立する。一八一三年三月一一日、ロシア軍はベルリンを占領した。三月一七日、外国支配に対して戦うことを呼びかけたプロイセン国王の「臣民に告ぐ」が出されるが、これはプロイセン市民と農民が決起したのであり、そのことによって、この戦いは今や愛国的なものとなった。

最初に武器を取った人々の中に、ベルリン大学の学生や教師も含まれていた。フレーベルも戦いに志願し、一八一三年春に、ヤーンが指揮するリュッツオー義勇軍の歩兵部隊に入った。リュッツオー義勇軍は、一八一三年春、陸軍少佐リュッツオーの命令によって、ブレスラウで創設された義勇軍である。ヤーンに率いられてドレスデンへ、そこからリグニッツへ、メクレンベルクへ、ハノーファからハンブルク、ブレーメン、キール、さらにはホルシュタインへ、ラインへ、そして最後にはフランスへと転戦した。この間、フレーベルは、一八一三年五月のグロース＝ゲルシェンとリュッツェンの戦い、九月一六日のゲールデの戦闘に参戦し、そして一〇月のブレーメン解放に決定的に参加している。

義勇軍には数度の戦闘があり、ヤーンやフライゼンに並んで詩人のアイヘンドルフ、ケルナーや画家のケルスティヒがいた。一八一四年一月、国王の命に従い、義勇軍は正規の隊に組み入れられ、事実上解散した。その旗は、黒・赤・金であったが、国王ではなく、祖国に忠誠を誓っていたフレーベルは、一八一四年五月末の一時講和によって終決したこの戦争の前半部に辛抱強く耐えた。六月三〇日、フレーベルは軍務を離れた。というのは、人々が志願したため、学生や公務員は軍隊に入る必要がなく、彼は一八一五年における反ナポレオン戦争の後半部には参戦しなかった。一八一五年六月二二日、フレーベルは二等陸尉に昇進し、これによって彼の人生における兵士時代は終わりを告げた。

フレーベルは、出兵の経過についてヴァイス教授に報告しているが、戦争日記もつけていた。ヴァイスに宛てた四十通以上の書簡の中で、また日記の中でも、戦争と軍人についての省察と並んで、とりわけ多くの地学上の観察が見られる。これは、フレーベルが、兵士としての勤務と並んで、いかに徹底的に学問的研究を行なっていたかを直観的に示してくれる。

戦争の中でフレーベルは、シュライエルマッハー（F. D. E. Schleiermacher, 1768-1834）の聴講生であった二人の神学研究者と知り合った。彼らは、後にフレーベルの共同研究者となる。彼らとは、ドルトムントのブレヒテン出身のヴィルヘルム・ミッデンドルフ（一七九三―一八五三）と、エルフルト生まれのハインリッヒ・ランゲタール（一七九二―一八七九）である。ミッデンドルフは、ランゲタール同様、後に精力的にカイルハウの組織化と、スイスでの学園の創設を支持し、またフレーベルが遊戯構想と幼稚園によって、幼児段階ないし就学前段階の教育に着手した時、フレーベルに従ったのである。ミッデンドルフの雄弁と親切は、ランゲタールの熱意と創造性同様強調されなければならない。運動遊戯は、大部分ランゲタールの創作によるものである。

三　兄クリストフの死から一般ドイツ学園の創設へ

一八一四年八月初旬には、フレーベルは再びベルリンに戻り、ヴァイス教授の助手として大学鉱物学研究所に任用されている。彼は、ベルリンで、学問を生涯の天職とするという考えを心に抱いていた。教授の職も彼に提供された。しかし、もう一つの課題が彼に迫っていた。心暖かな、常に理解あふれる兄クリストフが一八一三年一二月チフスで死亡し、三人の息子を後に残したのである。一八一三年の戦い以来、多くの野戦病院、さらには住民の間にも蔓延していたチフスが、看護兵であった彼を奪い去った。フレーベルは、長い間熟慮を重ねた結果、義姉からその息子たちの教育の心配を取り除き、彼らを自分が教育することが義務であると考えた。一八一六年四月九日にフレーベルは、最初の辞職願を提出し、一度は却下されたが、二度目に許しが下りた。ヴァイス教授は大いに失望した。

フレーベルは、支えを求める義姉の頼みに応えて、一〇月の初めにグリースハイムに向かった。彼はホイハウフェンに宿を取った。数週間後、彼はグリースハイムで自分の教育施設の設立という長い間暖めてきた計画を実現する。ほとんど何の資金もなく、しかし大いなる自信を持って、彼は兄クリストフの三人の息子たち、すなわちユリウス、カール、テオドールとオースターオーデに住む兄クリスチアンの二人の息子、フェルディナンドとヴィルヘルム、さらにはランゲタールの弟クリスチアンの計六名を集め、そのために借りた林務官の宿舎の上階の家で、教え、午後には彼らの遊びを指導し、その教育施設を大胆にも「一般ドイツ学園」と名づけた。自己の純粋に教育学的な創造の開始を、フレーベルは、一八一六年一一月一三日にしている。その日彼は、グリースハイムに学園を設立し、彼の生涯の仕事の途に就いた。フレーベル三四歳の時である。

一八一七年六月、フレーベルは、彼の小さな学校をグリースハイムから、一五キロ離れたルードルシュタットの近郊カイルハウに移した。カイルハウは、シャールバッハの谷間の、静かな、美しい森におおわれ、丘に囲まれた小さな村である。

フレーベルの著作活動は、一連の小著作から始められた。それは、「カイルハウ小論文集」と呼ばれ、カイルハウの「学校案内」六編を含む七編からなっている。そこでフレーベルは、カイルハウの教育施設の生活を報告し、彼の諸計画を展開し、同時にそれに対する教育学的基礎づけの総括的な思索を行なっている。六号に及ぶ学校案内、『人間の教育』、そして週刊誌『教育的家庭』における一〇号以上に及ぶ論文の中で展開されているカイルハウ学園の実践およびその教育プログラムに、自己の球体法則とペスタロッチーのメトーデを、一つの、とりわけ学校における「人間教育」の中で結合しようとする、フレーベルの徹底した試みであった。(37)

すでにイヴェルドンにおいて、フレーベルは、学園の理想的組織が、家族的性格を有する寄宿舎の組織であるべきことを認識していた。ホルツハウゼン家の生徒たちの教育に際して、彼は次のことを体験していた。すなわち家族関係は、最高の教授的な援助によっても置き換えることができないということ、それらの認識は、体験、洞察、身体的な行為と結びつけられねばならないということである。つまり、ここでは精神の活動と身体の活動の結合が要求されるのである。

一八一八年九月一一日、フレーベルは二歳年上のヘンリエッテ・ヴィルヘルミーネ・ホフマイスター（一七八〇―一八三九）とベルリンで結婚し、彼女をカイルハウに迎えた。結婚させられたものの不幸な結婚生活を送っていたこの国王軍事顧問官ホフマイスターの娘であり、同じ軍事顧問官クレッパーと別居中のヴィルヘルミーネは、教養高きベルリン貴族の娘であり、フィヒテ、シュライエルマッハーの聴講生であった。ヴィルヘルミーネとフレーベルが知り合ったのは、ベルリン大学の鉱物学研究所においてであった。彼女は、自分と親交のあったミッデンドルフとともに、フレーベルのもとを訪れた。フレーベルは、自己の教育的人生を妻として共に分かち合ってほしい旨、ヴィルヘルミーネに申し出、生涯の伴侶を選んだのである。

フレーベルは、この結婚生活によって心の迷いともなっていたカロリーネとの関係から自己を解放しようとしたのかもしれない。ヴィルヘルミーネとの結婚生活は、一八三一年以降安定したこと、またヴィルヘルミーネもまたこれに満足していたことは確かである。(38)

一八一八年九月に結婚した頃、学園には一〇名の生徒がいた。一八二〇年五月、兄クリスチアンが、オースターオーデから妻カロリーネと三人の娘、アルベルチーネ、エミリー、エリーゼを連れて、カイルハウに転入した。一八二二年には学園では、二二人の生徒が学び、結局一八二六年には六〇人以上の生徒が教えを受けていた。この間教師陣も、四名程増員されている。

一八二六年は、家庭としての教育施設にとっても、フレーベルにとっても極めて重要な年であった。ミッデンドルフが、アルベルチーネ・フレーベルと、そしてランゲタールがフレーベルの妻の養子エルネスチーネ・クリスピーニと挙式し、教育施設は家族集団として絆を強くしている。また、フレーベルは主著『人間の教育』、週刊誌『教育的家庭』を刊行することになる。フレーベルが大きな期待をもって刊行した『人間の教育』も、一般にはほとんど注目されなかった。他方、カイルハウ学園も一八二六年以降は、生徒たちの相つぐ退学、それに伴う財政的困窮から危機的状況に陥っていた。

マインツの中央調査委員会とプロイセン政府は、ルードルシュタット政府に教育施設の捜査を要求してきた。これに対して、「報告書」を提出したのが、ルードルシュタット侯国宗務局監督長ツェーであった。ツェーは、カリキュラムや授業過程、さらに遊戯や作業などの教育施設全体の細部に亘る観察を、一八二四年九月と翌年三月の二回に亘って行なったが、プロイセン政府や調査委員会の追求するような、フレーベルと彼の学園は「扇動者」であるという嫌疑をかけられる事実は何ら報告できなかった。それどころかツェーは、その「報告書」の中で、フレーベルとその協力者に対して窮乏の状況と不安の嵐の中でも不屈の意志と純粋無欲な熱意をもって教育に専心していることを賞賛している。

当時の政治状況の中にもかかわらず、ルードルシュタット政府は、ツェーの報告に基づいて、カイルハウの教育施設には何ら政治的干渉は行なわなかった。ただ、学園の生徒の髪を短くせよという要求を受けただけである。しかし、プロイセン政府により、フレーベルと彼の学園に嫌疑をかけられた影響は、大きかった。各方面からの抜け目のない煽動に驚いた、主として貴族たちであった一部の親が、この教育施設に自分の子どもを返すように要求した。さらに、フレーベルが教師陣に加えたが、フレーベルと激しく論争して一八二七年に解雇したヘルツォーク博士が、カイルハウに関する否定的な表明を行なった。こうして、一八二四年には五八名もいた生徒が次第に減少し、一八二九年には五名を残すのみとなった。生徒数の減少は、たちまちこの教育施設の財政的困難を惹き起こした。そのような状況でも、なお教育施設が存続しえたのは、ルードルシュタット侯の庇護と同時に、フレーベル、ミッデンドルフ、ランゲタールという教師たちに、教育的情熱があったからである。

一八二八年、フレーベルは、ミッデンドルフと共にゲッチンゲンへと旅立ち、『人類の原型』（一八一一年）の著者クラウゼ（K. C. F. Krause, 1781-1832）を訪問している。クラウゼは、哲学の課題を絶対者の認識とし、一切が神の内にあるとする「万有在神論」を主張した。この「万有在神論」は、フレーベルの思想に影響を与えたといわれている。

カイルハウの危機は、フレーベルにとっての危機となる。フレーベルは精力的に新たな国民教育の構想を練り始める。構想を実現するための土地を探していた時、カイルハウの活動を目撃していたマイニンゲン公の医者で枢密顧問官のホーエバウム博士が公爵に働きかけた。公爵はフレーベルを招き、その構想を聞いた後、マイニンゲンの近くのヘルバに国民教育施設を設立する計画書を提出するよう求めた。

フレーベルは、一八二七年から一八二九年にかけて、公爵と交渉し、成果を約束するような希望に満ちた協定を結ぶ。すべてが準備され、広告さえ刷り終えた時、フレーベルと彼の協力者たちは、新しいものに対する卑劣で陰険極まる攻撃に曝されていることを知った。この事態に公爵は不信を示し、フレーベルは施設の建設を断念せざるをえなくなった。フレーベルは財政的に窮地に立たされ、一八三〇年、カイルハウにおけるそのカリスマ的指導をミッデンドルフの甥に当たるバーロップ（一八〇二―一八七八）が引き継ぎ、フレーベルの影響は大きく後退した。彼には、教育施設の運営よりもむしろ、自己の教育構想を具体化することの方が向いていたのである。その後しばらくして、一八三一年三月、フレーベルは助言を得て、苦況から抜け道を見出すため、カイルハウを去った。

四　スイスでの活動

一八三一年五月から六月にかけて、フレーベルは、フランクフルト・アム・マインのホルツハウゼン家に滞在している。この滞在の間に、クサフェル・シュニーダー・フォン・ヴァルテンゼー（一七八六―一八六八）を自己の教育理念の支持者にすることに成功した。七月一四日、フレーベルは、シュニーダーと共にスイスへ向かう。七月二〇日、スイスのヴァルテンゼーに到着した。七月三一日、ルツェルン州教育局から、教育施設の開設計画書提出の命を受ける。八月三日、「ヴァルテンゼー学園の告示」が提出された。全日制学校の許可が下り、ヴァルテン城に学園が開設された。しかしこの学校は、寄宿舎にまでは発展せず、全日制学校のままであった。公的には、フレーベルはかつてカイルハウの教師であったヘルツォーク博士からの激しい攻撃に曝されていた。

一八三一年六月一一日に、バーロップは、エミリー・フレーベルと結婚した。一一月に、カイルハウの親族たちは、大学を卒業して間もないフェルディナント・フレーベルを臨時教員としてフレーベルのもとに派遣している。一一月一三日、生徒数一七人（年齢六〜一九歳）を迎えて学園は実際に活動を開始した。

一八三二年夏、バーロップが、ヴァルテンゼーに向かう。この頃、ヴィリザウの参事官ヘクト、判事イエルガー、州議員ヴェクラーが、ヴィリザウの家父協会の使いとして、ヴァルテンゼー学園をヴィリザウに移すよう要請した。一一月一三日、フレーベルと家父協会との間で合意が成立した。一八三二年から三三年冬にかけて、フレーベルはカイルハウの同志たちと共にカイルハウで過ごす。バーロップがカイルハウに戻ったのは、一八三三年のクリスマスのことであった。

一八三三年三月一五日、州議会決定に基づき、ヴァルテンゼー学園をヴィリザウへ移転することを正式に決議した。三月二一日、家父協会はフレーベルに召喚状を送っている。この頃、フレーベルはランゲタールに宛てた書簡（四月二五日）で、「生の合一」を子どもの心情において捉えている。全体的には、ヴァルテンゼーとヴィリザウの学園の教育的構成は、基本的な点で、カイルハウの計画を踏襲している。

フレーベルは、ベルリン旅行から戻った後、一八三三年四月三〇日、ヴィルヘルミーネと共にスイスに戻った。五月二日、寄宿舎と全日制学校の組み合せになるヴィリザウ学園を開設した。生徒数三六名、年齢六〜二〇歳であった。ここでは、ヴィルヘルミーネが家計を管理している。フレーベルはその後、公的に、とりわけカトリックの聖職者たちからの厳しい攻撃に曝されている。この秋に、学園の審査があり、ベルン州から派遣された調査官の報告は、肯定的な評価を下している。州教育局副局長・参事官シュナイダーも、同様の報告をしている。一〇月二四日、フレーベルは、ベルン州の要請で「ベルン州貧民教育施設計画」を提出している。一二月一〇日、州教育局は、初等学校教師の再教育をフレーベルに委ねる予備折衝を開始した。一八三三年六月、この時期唯一の出版物である『人間の教育の概要』が出版された。この論文は、すでに一八三〇年一〇月に完成していたが、検閲のためにドイツでは出版されず、スイスで刊行しなければならなかった。『概要』はすでに、カイルハウの学校案内の中で示されていた国民教育、すなわちすべてのドイツ人のための教育プログラムを取り上げており、またフレーベルの政治思想に関する洞察をも与えてくれる。(39)

フレーベルと彼の甥フェルディナントを支援するために、カイルハウの仲間が、ランゲタールを派遣している。ランゲタールは、一八三四年三月から務め始めている。

一八三四年四月七日、フレーベルは、ベルン政府から、ブルクドルフに貧民教育施設および初等教育教師のための補習コースの指導の申し出を受ける。フレーベルは四月一八日に、これを承認し、四月以降、ヴィリザウの四人の師範学校生徒（教師研究生）の面倒を見ている。ヴィリザウの学園の経営には、ランゲタールに重荷がかかっている。六月二三日から、ブルクドルフ城でフレーベルの指導のもと、一二週間に亘る再教育コースは開始された。指導教官は四名、生徒数（現職教師）六〇名であった。これは、教員の、したがってまたフレーベルの能力と、授業を受けた教師たちの能力を同時に審査する一つの試験によって終了するものであった。フレーベルは、試験報告の中でさまざまな評価を受けている。

一八三五年四月一日、市民協議会は新ブルクドルフ孤児院を開院した。フレーベルは、ヴィルヘルミーネとランゲタールと共に、ブルクドルフに移住した。ブルクドルフ城の一室が住居として与えられている。その一室は、あのペスタロッチーが住んでいた部屋と伝えられている。しかし、ブルクドルフの貧民施設は設立されなかった。五月には、ミッデンドルフとエリーゼが到着する。

五月七日、教育局は、フレーベルに補習コースの教官に就任することを要請した。五月、師範学校生徒および教師のための試験が行なわれた。その結果は肯定的なものであった。それに引き続いて、六月一五日から一二週間、第二のブルクドルフの補習コース（再教育）が開催された。ただし、フレーベルは、前回の最高責任者から格下げで、一教官として参加している。その背景には、フェレンベルク派によるフレーベル批判運動が存在した。フェレンベルク（一七七一―一八八四）は、スイスの教育者であり、フレーベルを徹底的に批判した。八月一日、正式の孤児院長証書が交付されている。この地においてもフレーベルに対する個人攻撃は執拗に行なわれた。信仰上の利害に起因するカトリック派からの攻撃、広く教育観の相違に起因するフェレンベルク派からの批判は激化する。[40]

フレーベル教育学の後期において重要な概念は「生の合一」である。フレーベルは、この「生の合一」概念を、彼のスイス滞在の期間中に初めて用いている。[41] スイス時代の書簡の中で初めて、そして一八三六年の論文「新しい年一八三六年は生命の革新を要求する」において使用され、さらには遊戯の教育学的論文や後の小冊子の中で「生の合一」概念が中心概念として使用されている。以後この概念は頻繁に用いられることになる。

第四章　幼稚園の創設

一　恩物の考案

一八三二年のフレーベルの日記は、遊具が今なぜ特別に彼の関心を惹くのかについてより明確な説明をわれわれに与えてくれるといわれる。(42) それは、精神が、自己表出を通して自己認識へと高めるために必然的に素材を必要とし、教育にとって第一のものは、子どもに形成のための適切な素材を与えることでなければならないという考え方である。遊戯の活動の本質を深く探求することが、今や彼の仕事の第一の関心事となる。

こうして、フレーベルの就学前教育の核となる「遊戯の理論」が現われる。(43) フレーベルは、遊戯に関する考察において、最も小さな子どもの中にも、すでに活動への本能、すなわち活動衝動が生まれている、ということから出発する。

フレーベルは、遊戯の理論の一層の仕上げを行なうために、すでに当時示されている認識や経験を調べ、ホイジンガー（J. H. G. Heusinger, 1766–1837）の著作を極めて厳密に研究した。また多くの遊具を発見したブーラッシェ（B. H. Blasche, 1766–1832）と、彼は盛んに手紙のやり取りをした。他方、彼はゾンネンベルクや、ニュルンベルクで製作されている遊具に関心を寄せ、当時、就学前教育について著わされた多くの記事や論文を追いかけている。遊戯についてのペスタロッチーの考えや、コメニウス（J. A. Comenius, 1592-1670）の「母親学校」の構想を彼は知っていたし、ジャン・パウル（J. Paul, 1763-1825）の『レヴァーナ』も読んでいた。このように子どもの遊戯や遊具についての、彼以前の、また同時代の思想を知った上で、フレーベルは、以後、とりわけ三つの問題に取り組んだ。(44) 第一に、遊戯を活動の特殊な形式として研究し、遊戯の対象、ことば、遊戯の行為間の相互関係を跡づけること。第二に、子どもの発達と子どもの遊戯の発達の連関を発見することを、彼は不可欠と見なしていた。最後に、遊戯における大人の役割と、遊んでいる子どもとの関係の特殊性を、彼は詳しく明らかにしようとした。

フレーベルは、ブルクドルフの孤児院で遊んでいる孤児を観察しながら、小さな棒と木材でできたさまざまな形についての思索を体系化し始めている。フレーベルは、すでに一八三四年に、恩物の、とりわけ第三から第六の恩物に当たる分割された立方体の重要な特徴を指摘している。(45) つまり、構造形の連続性と一中心」の強調、そして抽象的な構造形と、対象に関連した構造形との区別である。ハイラントによれば、「フレーベルは、その後三年の間に彼の『恩物』を思想的に発展させ続けたものと思われる。(46)」それゆえ、一八三七年一月にバート・ブランケンブルクへと移住した後直ちに、彼は最初の六つの恩物の作成を依頼できたのである。最初の六つの「恩物」とは、ボール、球と立方体、さまざまに分割された立方体（「第三から第六恩物」）、並びに床板、棒切れ、そして折り曲げ、撚り、切り取り、組み合わせるための紙である。

フレーベルは、一八三六年夏に、「第一恩物」、すなわちボール（六色の羊毛の小さな球）を提案していた。(47) この「遊戯ないし作業手段」については、彼は、彼の人生が終わるまで考察し、その連関を基礎づけようと試みた。

フレーベルの幼稚園構想は、園芸、遊具を用いた作業、そして運動遊戯からなる。これらはいずれにせよ、大人の役割を、大人による子どもの行為への特別な働きかけを通じて、それ本来の意味を受け取るのである。フレーベルは、遊戯と作業手段を分析と総合という構造連関の中へと持ち込んでいる。彼は、遊具を四つのグループに区分している。(48)

・第一グループ　立体的恩物

第一恩物はボールであり、第二恩物は球と立方体、円柱と円錐である。（後に円錐は除かれる。）それに続く恩物は、分割された立体である。ここでは球、円柱、円錐の分割が計画されていたが、実現されたのは立方体の分割のみであった。分割された立方体からは、四つの恩物、すなわち第一グループの第三、第四、第五、第六恩物が生じる。第七と第八の立方体恩物も計画されていたが、しかし完成されなかった。第三と第五恩物においては、立方体的な立体ができ、第四と第六恩物においては、切り離すことによって、煉瓦的＝直方体的立体ができる。

・第二グループ　平面的遊戯手段

これらは、板形から、より詳細には正方形、不等辺三角形と正三角形から出発する。全部で一二の形となる。紙の正方形もこれに属する。

・第三グループ　線状遊具

これに属するのは、木の棒、剥ぎ板、紙テープ、描かれた線である。

・第四グループ　点状遊具

ここでは、点々と穴のあいた線、小石、種子、真珠、砂が用いられている。

これらの遊具を分離し、再度一つにすることによって、子どもは球体法則を予感することになる。つまりすべては、統一から始まり、両極性へと発展し、そして統一へと回帰するのである。(49)さらに、子どもの活動衝動は、それを越え出て、その連関を生産的に生み出すようになる。

一八三五年から三六年にかけて、フレーベルは、三〇年以上もの間義務感を抱き続けてきた学校領域から目を転じ、幼児ないし就学前の子どもの保育と家庭の革新とによる人間の教育という構想を基礎に据える。[50] 子どもの保育は、一連の遊具、道具によって支えられる。子どもの保育は、幼稚園において、「庭＝楽園」において行なわれる。

一八三六年五月二四日、フレーベルは、ブルクドルフを去る直前に、「ブルクドルフ孤児院内の初等教育学校案」を完成した。これはフレーベルの学校組織に関する最も広範な計画といってよい。彼はこの計画の中で、彼が一八三五年以降指導を続けてきたブルクドルフの「孤児院における初等学校の陶冶計画」を提示している。

スイス時代が終わる頃、論文「新しい年一八三六年は生命の革新を要求する」が執筆される。この論文は、一八六二年から六三年にかけてのランゲ（F. W. Lange, 1826–1884）の編集による『フレーベル教育学全集』、いわゆるランゲ版によって、ようやく一般に読むことができるようになった。[51] 当初、手稿で最も親しい協力者にだけ回し読みされた著作である。

この論文でフレーベルは、人間に宿る神的なものへの自覚に基づき人間の使命としてそれを表現し、実現することを「生命の革新」、「生命の若返り」といっている。その「生命の革新」と「生命の若返り」のためには何よりも純粋な家庭生活を実現しなければならないと力説している。この論文には、三位一体としての父と母と子を、神的なものを実現するための宗教的関係として捉える意図が保持されている。

つまり三位一体としての父と母と子が神的なものを実現するためには、純粋な家庭生活が基盤となり、愛情は神的なものの現われである。子どもは、父親と母親の愛情によって、神的なものを表現するようになり、大人は純粋な子どもとのかかわり合いの中で、若返る。それゆえフレーベルは、「生命の革新」と「生命の若返り」のための本拠となるのは家庭であり、そこでの幼児教育の重要性を表明しているのである。

この論文は、家庭がその使命を達成するための条件と要求とに関して、祖国、民族、国家への言及があり、さらに北アメリカへの移住計画も提言されている点にも特徴がある。

二　一般ドイツ幼稚園の創設

一八三六年五月二四日、フレーベルと彼の妻は、ブルクドルフを離れた。三月の初頭に突然ベルリンにいた彼の義母が死去し、彼の夫人が分与財産を相続する必要があり、まずベルリンに赴かねばならなかった。

ベルリンでのフレーベルは、六月一五日から九月一七日まで多忙であった。彼は自己の新たな人生計画をベルリンへと持ち込み、そこで自己の計画を追求している。長い間彼は、自己の新たな活動の場となる施設をどこに設立すべきか躊躇している。当初彼はカイルハウを考えていた。しかしカイルハウでは条件が整わなかった。

一八三六年九月二一日、フレーベルはベルリンからカイルハウに到着した。十月三日には、彼はバート・ブランケンブルクのシュバルツァ川のほとりにある製粉所の賃貸契約に署名している。しかし、この住居の片づけが非常に長引いたために、彼は一時的にカイルハウに留まらねばならなかった。一八三七年一月一六日になってようやく、彼はバート・ブランケンブルクに引っ越すことができた。

フレーベルは、完全に就学前教育に従事する新しい人生の時期の出発点にいた。彼はまず、商売上の取り引きおよび実務上のために、協同者を探し、数名が集まってきた。彼が一月にバート・ブランケンブルクへと移住した後の一八三七年三月に「自動教授施設」を設立している。この施設は、あらゆる年齢の独習者のための遊具を作成する意図を持っていた。

一八三七年夏には彼の計画は明瞭となり、この夏の終わり以降、その施設による自己の新たな事業を、「幼児期と青少年期の作業衝動を育むための施設」と名づけた。この施設は遊具の製造と販売を目的としたものである。一八三七年一一月一五日、フレーベルはルードルシュタットの政府に陳情書を提出している。この中でフレーベルは、この施設の認可を申請し、政府の保護を求めている。そこで彼は、彼の遊具は子どもたちの作業衝動を学校入学に至るまで育成するだけではなくて、その後もずっと育成すべきものであると強調している。

一八三八年四月に、フレーベルに認可が与えられている。こうして一八三八年の春とともに、この包括的な産業活動が開始された。この間に、第一恩物（遊具）のための構想と設計は完成されていた。若干のブランケンブルクの夫人たちがボールを編み、皮帯屋とろくろ細工師は、フレーベルからかなり多くの注文を受けた。指物師親方ハインリッヒ・レーンは、ほとんど彼のためにのみ働くことができた。フレーベルは、新たな貴重な労働力、すなわち製図工フリードリッヒ・ウンガー（一八一一—一八五八）を雇った。ウンガーは、カイルハウでのかつてのフレーベルの生徒であり、彼は製図教師として働いた人物である。後の一八四四年、ウンガーは家庭育児書『母の歌と愛撫の歌』の挿し絵を担当することになる。常に新たな遊具が立案され、完成された。手工たちが提供した材料は、「商店」の中で遊戯のために組み合わされ、小箱に包装され発送された。一八三八年末には、その遊具は、広く繁盛し、その結果、それらを多くの講習会に提示するほどであった。この目的で、フレーベルはドレスデン、ライプチヒへと大旅行を企てることになる。

フレーベルが南ドイツへの大宣伝旅行に出発する以前に、遊具製造は、大躍進を遂げている。レーン親方だけで、一八四四年春に、一万五、六〇〇個の立方体を制作している。それゆえに、フレーベルが一八四四年、長期間の南ドイツ大旅行を開始した時、彼は、四名の協働者を店にかかえていた。つまり、業務管理者シュヴァルツコップ、出張販売員メールタウ、製図工ウンガー、そして筆記、内容表示のラベル貼り、恩物の梱包、製本などに従事したシュトゥラウベルである。

しかし、フレーベルが大旅行に出発して以来、店は、急速にその極みから転落した。遊具の販売数が少なく、そのため債権者を満足させるに十分な収入がなかったのである。日々、陰気な債権者たちが店に押し寄せ、もしすぐ支払わなければ封印すると脅した。しかし、フレーベルは送金することができなかった。彼自身お金がなかったのである。妻の遺産はとうに使い果たしていた。この苦境を救ったのが、カイルハウ学園の指導者バーロップであった。彼はお金を調達し、フレーベルの店を最悪の事態から守ったのである。

一八四五年一二月に、フレーベルは、遊具の価格をさらに引き下げ、遊具の販売数の増加を図るが、施設全体を再起させることはできなくなった。協働者たちを一人一人解雇し、ついにはシュトゥラウベルだけが、店に残ることになった。一八四五年にフレーベルは、再び旅行に出かけ、施設全体は、このシュトゥラウベルの肩にかかった。フレーベルにはまったく商人としての才覚はなかった。

フレーベルは、自己の遊戯手段、さらには自己のすべての教育的努力の全体を説明するために一八三七年一二月三一日から『日曜誌』を出版した。彼はそれを、多くの人が内的平静の中で時を送り、その中で、真の子どもの保育への指導を行なうだけではなく、子どもの生命の発展過程に見られる生命と自然に対してじっくりと注意を傾け、また自己自身の生命を美しくかつ善良に形成することへと導くものと考えた。この雑誌の内容は、人間の本質と発達過程についての陶冶手段ないし教育手段に関する情報をも提供すべきものであった。それと並んで、この雑誌は、あらゆる時代の詩や思想から抜粋された教育に関する金言を含むものであった。それ以外に、この雑誌は、読者に、関連する文献とフレーベルの施設が製造した遊具ないし作業具を紹介した。さらに、内容を説明し、それを活気づけるために、この雑誌には楽譜とポスターが添付された。

フレーベルは、自分が考案した遊具を一般に普及させようとした。一八三八年一二月九日、フランケンベルクと共に、郵便馬車でブランケンブルクを発ち、ザクセンの首都ドレスデンへと向かった。さらに一二月二一日にはミッデンドルフもこれに加わった。ドレスデンでは、フレーベルへの関心が大きなものとなり、とりわけ貴族の中に、フレーベルを積極的に支援する人々が現われた。一八三九年二月には、ドレスデンに最初の、フレーベル的意味での「遊具施設ないし家庭施設」が成立した。

一八三九年二月一四日、フレーベルは、当時丁度開通した鉄道でドレスデンからライプツィヒへと旅行した。ここでも彼の講義は大きな関心を呼んだ。この頃、ライプツィヒにもフレーベルの原則に従う幼児保育施設を設立するという考えも現われたようである。しかし、フレーベルは長くライプツィヒに留まることはできなかった。四月には彼は急遽バート・ブランケンブルクに戻っている。妻が重病に陥ったからである。一八三九年五月一五日、あらゆる運命の変転にもフレーベルを支えた妻ヴィルヘルミーネは亡くなった。フレーベルは、失ったものが「無限である」と感じた。

実は、ヴィルヘルミーネは、スイス時代から胸部疾患にかかり、帰郷後は看護が必要であった。それで温和な気候と田園風の平穏な場所が必要とされ、移住先としてバート・ブランケンブルクが選ばれたのである。

ヴィルヘルミーネは、フレーベルの教育者としての生活の喜びも悲しみも、誠実に分かち合った。二人の内面的な関係は、フレーベルが、彼女のことを、たとえ彼女に子どもがいなかったにせよ、「誠実な母親」と呼ぶような特徴づけを持つ関係であった。実際、彼女はフレーベルにとって母であり妻であった。

フレーベルは、ヴィルヘルミーネが亡くなる前から、一八三九年二月以降、自分の精神に基づく施設を設立すべく活動を開始している。それは、「遊戯による家庭生活の育成」という目標である。この育成には、二つの道が考えられた。第一は、子どもの生命を育成することであり、第二は、そのようなものの育成を訓練する「子どもの指導者」を養成することである(52)。

一八三九年六月一日に、バート・ブランケンブルクに、「子どもの指導者のためのコース」である幼児教育指導者講習科を設立した。このコースの参加者に、十全に幼い子どもの指導を教えるためには、実践的な指導を導入しなければならなかった。そのためには、かなり大勢の子どもたちが必要であった。バート・ブランケンブルクの多くの有力な家庭が、直ちに、自分の子どもをこの目的のために委託することになる。幼児約四〇名が集められ、子どもの指導者のためのコースと同時に、実習施設として「遊びと作業の施設」を開設した。いずれにせよ、一八三九年以降、フレーベルは、自分の最高のそして本来的な職業を、「男女の保育者たちの教育者」養成に置いたのである。フレーベルは、若い女性と母親を、最も幼い子どもを養育する人として、彼女らの神聖な職業意識へと向けて教育しようとした。

フレーベルは、幼児を「生の合一」の予感に導く保育者、幼児教育の指導者は、女性の仕事であると強く認識した。一八四〇年三月二五日「婦人協会」の設立を要求している。この理念は、新たな人生計画へと成長する。それは、「一般ドイツ幼稚園」へと直結するものである。一八四〇年五月一日、フレーベルは、「幼稚園の設立および実施のための計画案」を提示する。

フレーベルは、「遊びと作業の施設」にふさわしい名称を探していた。一八四〇年空晴れ渡るうららかな春の日にチューリンゲンの森をカイルハウからブランケンブルクに帰る途中、フレーベルはふとシュタイガー山路の下に展開した勝景が大きな花園のように日の光に照り輝いているのを見ていきなり叫んだ。「見つかったぞ！ 今度の施設の名は Kindergarten（幼稚園）としよう」[53] と。こうしてその年の五月一日から彼は「遊びと作業の施設」を「キンダーガルテン」と呼んだ。

一八四〇年六月二八日、グーテンベルク印刷術発明四〇〇年記念祭の日に、バート・ブランケンブルクの施設を、「一般ドイツ幼稚園（Der Allgemeine Deutsche Kindergarten）」と命名して、世界初の幼稚園が誕生した。狭義には、「遊びと作業の施設」が幼稚園（キンダーガルテン）と改称されたことを意味する。同時に、一般ドイツ幼稚園財団が設立された。

一八四〇年五月一日の新たな計画では、男性の児童指導者が、女性育児者を養成することが中心課題とされているが、一八四三年の論文「ドイツ幼稚園についての報告と弁明」の中では、社会教育的に家庭の負担を軽減する女性保育者のためのコースが述べられている。このように四〇年から四三年にかけての変化は、フレーベルの関心が、女性世界への完全なる方向転換を意味していたことを物語っている[54]。ドイツのすべての女性を、すなわち母親だけでなく、幼い子どもの教育を依託されているすべての女性を、その気高い職業へ向けて教育することが、今後フレーベルの最も傾注する関心事となる。

三　幼稚園の事業と『母の歌と愛撫の歌』

一八四〇年六月二八日に「一般ドイツ幼稚園」が創設されたことの意味は、キンダーガルテンが成立し、その施設が「創設」ないし「開設」されたのではなく、その日が子どもの保育という思想の種蒔きの日であり、その事業の財団設立の日であったということである。(55) フレーベルは、一八三九年のクリスマスの頃から「女性協会」の設立に動き、それを一八四〇年三月一二日に「ドイツ女性および若き女性によって教育の仕事を行なうための協会」に拡張している。

フレーベルは、一八四〇年六月二八日、つまり財団設立後すぐ、校舎の建築を始めたいと希望していた。郊外のシュヴァイツァ河の岸辺のいわゆるブライヒヴァイゼに「ドイツキンダーガルテン」が建つはずであった。しかし、株式募集への署名は、一八四三年六月段階でもようやく一五五人の署名が入ったにすぎず、しかも、その内現金で支払われたものは三七株にすぎなかった。

プロイセンでは、株という名称がひんしゅくを買った。その上、この邦では、株式事業を公示するためには、省の許可が必要であったが、フレーベルからはこの許可の申請がなされていなかったため、プロイセンの女性たちは、このフレーベルの事業に参加することができなかった。そこでフレーベルは、一八四一年六月二八日「ベルリンの帝国内務省」に申請書を提出した。しかし、一八四二年二月四日に、宗教・教育・衛生省大臣アイヒホルンは、フレーベルの努力の善良なる意図は承認するが、「ドイツキンダーガルテン」への需要がないため、申請に応じ切れないと回答してきた。

宗教・教育・衛生省は、すでに、一八二七年に、イギリス人サミエル・ウィルダースピンをモデルとして幼児学校を作るようにプロイセン帝国政府に要請する回状を送っていた。それなのにフレーベルの申請に応じなかった理由は、ウィルダースピン流の幼児学校が、「貧民の子どもたちの野蛮化」に対抗し、たやすく服従するよう従順で役に立つ人間を学校や工場に送り出すのに対して、「キンダーガルテン」は自由で全面的な発達に役立つからである。その意味でも、フレーベルの「キンダーガルテン」は、当時の幼児学校とは根本的に異なるものであった。(56)

フレーベルのキンダーガルテンは、本質的に既存の就学前施設を越え出ている。キンダーガルテンを保育施設や小児学校から本来的に区別するものは、包括的な就学前教育学に基づいた教育的な仕事であるということである。[57]フレーベルは、それまでこの就学前教育のために考え、言及し、実践してきたすべての事柄を、この「キンダーガルテン」に集約させた。

しかし、グーテンベルク祭にフレーベルの精神に浮かび上がった計画は、実現されず、「ドイツキンダーガルテン」の理念もまた実現されることはなかった。この天才的な教育者の魂から発したこの「キンダーガルテン」の理念はあまりにも偉大で、現実化するには、この計画はあまりにも巨大すぎたのである。「キンダーガルテン」のためのフレーベルの活動は、当初から、婦人と母親の積極的な支持への希望、期待と結びついていた。フレーベルのキンダーガルテンは、母親と子ども、母性愛と子どもの世話とを再び統合するものと考えられていた。[58]しかも、教育された男女の幼児保護者、幼児指導者、教育者の助力によってなされるものであった。

フレーベルは、自己の人生を闘争と見るが、その背後には、一八三九年五月の妻の死、そして一八四〇年にブルクドルフを去り、宗教的理由でフレーベルとの関係を断ったランゲタールとの別離が存していた。[59]さらにはその背景として、フレーベルが依然として自己を「フレーベル集団の共同によって人間的に承認された中心」として、また「全体の父」として見なしていたのだが、実際は、バーロップのもとで独自の道を歩んでいたカイルハウの仲間たちの方向転換もあったのである。フレーベルとの結びつきを保っていたのは、ミッデンドルフただ一人だったのである。

一八四四年には、数年に亘る準備作業の後、『母の歌と愛撫の歌』が刊行される。思想的背景としては、フレーベルの根源への回帰、始原的なものへの遡及、あるいは「出発点への回帰」という思考で、それは、基本的にロマン主義の思想に深く根ざすものと考えられる。[60] これは、遊具の考案とキンダーガルテンの創設に見られるように、幼い時期の子ども、乳児期・幼児期への回帰を意味する。

本書は、カイルハウの協力者たち、すなわちウンガーが絵を、そしてローベルト・コール（一八一三―一八八〇）が作曲を担当し、フレーベル自身が本文、すなわち詩を書いたものである。その意味で本書は、「カイルハウのグループとの合作」といってよいものである。

『母の歌と愛撫の歌』の内容は、一頁全体を使った、母親と遊ぶ子どもを描いた版画に詩が書かれ、それについての説明と音符のついた歌が加えられている。それは、絵と詩と歌が三位一体をなす教育史上、類を見ない家庭育児書である。同時に本書は、フレーベルの他のあらゆる著作と異なる形態を採っている。そこには、当時有名な出版元で辞典編集者であるヨーゼフ・マイアー（一七九六―一八五六）の協力がうかがわれる。[61] 彼は、すでに『遊戯・活動箱』の編集に際してもフレーベルを援助したことがある。

フレーベルの幼稚園は、家庭と幼稚園を切り離して、家庭を無用のものとするものではなく、家庭と同質の場としての「子どもの庭」を考えていたのである。[62] そのような家庭の中で使用される家庭育児書が本書である。だが、極めて特徴のある本書の刊行には、莫大な費用を要し、特に銅版画にかかる費用が大きく、その上、本書の売れ行きも悪く、一八四四年一一月頃には、ブランケンブルクの施設（印刷所）は、倒産の危機に陥ることとなる。

第五章　晩　年

一　幼稚園の普及を目指す

『母の歌と愛撫の歌』の出版後、フレーベルはすでに六〇歳を越えていたにもかかわらず、その情熱的ともいえる講演と遊戯・活動用具を実際に示し、説明することによって広い層の人々に自己の就学前教育に対する関心を惹き起こすために、長く苦しい旅に出た。彼の旅は、一般に「伝道旅行」ともいわれる。

一八四四年六月には、まずドイツ西部に向かった。ハイデルベルク、ダルムシュタット、ケルン、シュトゥットガルト、オストホーヘン、インゲルハイム等々、そして最も長く、フランクフルトに滞在した。大小の集会での多数の講演、託児所での作業具の実演、影響力のある名士との個人的な交渉、これらすべてを通して、彼は、幼稚園の設立をうながそうと試みた。

フランクフルト滞在中に浮かんだ新しいアイデアがフレーベルを捉えるが、その考えとは、「教育協会」を設立して、それによって自己の考えを広く国民層に流布しようとするものであった。一八四五年二月、彼は「ドイツ教育協会の結成のためのドイツの男性たち、特に父親たちに対する呼びかけ」を行ない、「教育協会」の設立を要望した。

フレーベルはこの呼びかけ（論文）の中で、今日、一般社会にはあらゆる種類の「協会」があるにもかかわらず、児童および人間の教育のための教育者や父親の会がないことに言及し、教育の成果は、「正しい手段の共同の認識、これらの認識の共同の応用にのみ依存している」ことを主張する。こうして、この共同の認識、認識の共同の応用としての会、すなわち「児童および青少年の現代にふさわしい保育と教育の実践のための会の創設」を訴えたのである。やがて、アイヒフェルト、シュヴァルツ、ノイシュタット、オルラ、ドレスデン等でこのような「教育協会」が成立した。

一八四五年一一月にフレーベルは、伝道者であり、視学官でもあるヴェプケ氏の招きで、アンナブルクへ旅行した。そこで彼は数週間滞在し、キンダーガルテンの設立を開始した。同年のクリスマスには、彼はマグデブルクに滞在し、そこでの支持者ウーリッヒ牧師と会っている。全体的にこのエルベ、ザーレ、エルスターへの旅行の成果は、この地域から、次年一八四六年一月からカイルハウで開始された幼稚園教師の養成コースに多数の若い女性が参加したことであった。フレーベル自身は、この旅行を「百万の旅行」と名づけているが、旅行中、ヴィッテンベルクでそれまで、彼の未知の著作、シュトォッツの『キリスト教的幼稚園、キリスト教共和国の本来的小学校』を知ったことも大きな成果であった。フレーベルはこの著作がキンダーガルテンの事柄にとって極めて重要と考えた。

フレーベルと国民学校教師との接触も拡大していく。それは、一八四六年、マグデブルク近郊クヴェッツのヒルデンハーゲン牧師の仲介によってなされた。この接触は、当初、ヒルトブルクハウゼンにおける児童および青年の遊戯祭の計画に限られていたのだが、一八四八年にはさらに拡大されている。

一八四六年秋、ザクセン、フォークトラントへの「伝道旅行」を終え、一〇月八日にフレーベルはカイルハウに戻り、幼稚園教師のための養成コースを翌日から開始している。一八四七年、フレーベルは再び旅に出かける。六月九日に、彼はハルツ山の麓、マリーエンベルクに行った。そこでは、地方監督官のシュナイダーが「ルター幼稚園」を設立したので、その落成式にフレーベルを招待したのである。

八月下旬にフレーベルは再びアイゼナッハ、ゴータに出かけている。アイゼナッハでは当時（一八四七年八月二三日、二四日）、大きなチューリンゲン歌曲音楽祭が行なわれていた。二五日には、フレーベルは、市役所の講堂で、「選びぬかれた著名人」の聴衆を前にして講演を行なった。九月九日に彼は、ザクセンへ短い旅行を試み、ライプツィヒ、オーシャツ、ドレスデン、ビシュフスヴェルダ、バウツェンに滞在した。そこではもっぱらザクセンの小学校教師を指導することが目的であった。というのも、ザクセンの小学校教師たちは、フレーベルのキンダーガルテンに大変興味を持っていたからである。

一八四八年一〇月二〇日から、フレーベルはドレスデンに滞在し、そこで保母養成の講習会を開催した。四〇人以上の生徒が集まった。講習は、一八四九年四月末まで続いた。今回は、フレーベルは、カイルハウへ帰らず、チューリンゲンの森の南に位置するバート・リーベンシュタインに確固たる地歩を占めることに成功した。

ところで、一八四八年五月一八日以来、フランクフルトのパウロ教会で全ドイツ人民の代表者たちの集会、すなわちドイツ国民会議が開催された。議会の任務は、統一された新たなドイツ国家に対して善き、かつ適切な形態を与えることであった。

選出された議員の内訳は、裁判官と弁護士で二〇〇名を越え、一〇〇名以上の教授と一〇〇名の官吏、著述家とジャーナリストでほぼ五〇名、工業家と大商人とで約五〇名、五〇名を越える農場所有者、それにたった一人の小農民と四名の手工業者となっており、労働者は一人もいなかった。

フレーベルの親友であり、キンダーガルテン計画の理解ある促進者であった歴史家のカール・ハーゲンもこの一員であった。ハーゲンは左派に属して活動を展開した。さらに、カイルハウの最初の生徒であったフレーベルの甥ユリウス・フレーベルは、急進的左翼であり、フランクフルト国民議会の一員であると同時に、『社会主義的政治の体系』の著者としても有名である。また、ハンブルクのカール・フレーベルも、教育の基礎としての神と家庭を否定し、婦人の解放を説いていた。したがって、フレーベルの姓は、彼の親族によってすでに反動勢力の判断では、悪い影響を持っていたのである。

さて、当時、ドイツの教師達の学校政策を方向づけた三つの決定的な出来事があった。[63]第一は、一八四六年ペスタロッチーの生誕百年祭がドイツ各地で祝われ、自己活動、道徳性、人間の尊厳がこの記念祭の支配的理念であったこと、第二は、自由主義の古い要求が、基本的権利によって復興された一八四八年の運動、そして第三に、ついに「ドイツ民族の基本権利」の計画の中へ教育制度に該当するⅣ章がフランクフルト国民会議で受け入れられたことである。当時、ドイツの進歩的教師たちの基本綱領が、特にカトリック系の邦を中心に形成され、一つの方向性が明らかになってきた。一般に、この綱領は五つの明瞭な基本点に集約することができる。[64](1)公立学校の要求、(2)教授法則の要求、(3)一般国民学校の要求、(4)非宗派別学校の要求、(5)国民学校教師の大学での養成の要求、である。

幼稚園の思想は、フレーベルの尽力もあって、ドイツの教師たちの意識の中に深く入り込んでいた。フレーベルは、全ドイツの教育制度の中に幼稚園が位置づけられるよう懸命に努力する。一八四八年八月一七日から一九日まで、フレーベルの招致で、約三〇〇人の教師や牧師、教育者や保母、そして母親や愛国者がルードルシュタットに参集した。フレーベルは、フランクフルトの国民会議に範を取り、多様な人々の参加を求めた。それは、「幼稚園のための教育集会」である。参加者たちは、市民に友好的に迎えられ、フレーベルは参加者の宿の世話までしている。しかし、参加者すべてがフレーベルの信奉者であったわけではない。参加者の中には幼稚園に無縁の者もいたし、ある者はフレーベルの努力に対して懐疑的な立場を取っていた。

フレーベルは、確固とした自分の施設を持つために一八四九年春にザクセン・マイニンゲンのバート・リーベンシュタインへ移住した。彼は援助者としてヘンリエッテ・ブライマンを連れて行き、その間レンズブルクで幼稚園女教師として活動していたルイーゼ・レヴィンも新たに設立されるべき施設に呼んでいる。施設の名前は、「発達的・教育的人間陶冶による全面的生命の合一のための施設」というフレーベルのお気に入りの計画を実現させようとするものであった[65]。

「全面的な生命の合一」は、人間生活の意味となり、またそれと共に、生命を発達させ養育しようとする教育の意味ともなる。フレーベルは、「子どもたちの中にある理想的国家の直観が世界には必要だ」と考え、このような国家を現実に創り出したかったのである。

その後のフレーベルの幼稚園の発展に極めて大きな役割を果たすことになったマーレンホルツ＝ビューロー(Bertha von Marenholtz-Bülow, 1810–1893) 夫人は、この地でフレーベルに出会うが、その著『回想のフレーベル』の中で、最初の出会いを印象深く記している。

「一八四九年五月の末、私はチューリンゲンのリーベンシュタイン温泉に到着して、いつもと同じ宿に旅装を解いた。きまりきった挨拶のあとで、何かここに変わったことはなかったかと尋ねると、宿の女主人はこう答えた。二、三週間前にひとりの老人が、この温泉の近くの農場へやってきた。そしてこの老人は、村の子ども達と踊ったり遊んだりばかりしているので、かれは〝馬鹿じいさん〟と名をつけられた、ということであった。それから数日後の散歩のおり、私は偶然にもこの〝馬鹿じいさん〟に出合った。かれは背の高い、やせ気味なそして長い白髪の男で、三歳から八歳くらいまでの村の子ども達を引き連れていた。その子ども達のほとんどははだしで、その上、ろくに着物も着ずに、そして二列になって丘の上のほうへ登って行った。丘の上で、その老人は子ども達に遊戯の体形を作らせて、踊ったり唱歌の練習をしたりさせた。そのときの、かれの愛情に満ちた、辛抱強そうなまなざしや、子ども達がその指導を受けて、いろいろな遊戯をしている間のかれの態度は、あまりにも感激的であった。思わず私の目にも、連れだっていた友人の目にも、涙があふれてきたほどであった。」(66)

この時期（一八四九年夏）、バート・リーベンシュタインに寄留し、そこで「毎日小さな子どもと一緒に跳びはねている年老いた変り者」の話しを聞き、フレーベルに出会ったディースターヴェーク（F. A. W. Diesterweg. 1790-1866）も重要な人物である。彼は、一八四九年、マーレンホルツ＝ビューロー夫人を介してフレーベルと知り合った。この有名な民衆学校の教育学者とフレーベルの親交は、心のこもった、持続的なものとなり、特にディースターヴェークは、熱心にフレーベルの面倒を見た。『母の歌と愛撫の歌』を小脇に抱えて、ディースターヴェークは、毎日フレーベルのところへ通った。

一八四九年一二月初め、フレーベルは、ハンブルクの「ドイツ女性協会」の招待に従って、自己の目標とする教育について一連の講義を行なった。毎週開かれた講演には、常に一〇〇名以上の男女が出席した。毎週教育問題について連続講演を通じ、このハンザ同盟都市の市民の関心は非常に強く、市民は、最初の市民幼稚園の創設に向けて歩んだ。一八五〇年に、ハンブルクのドイツ女性協会が後援して市民幼稚園を設立した。

この滞在は、多くの収穫をもたらしたが、しかし反対者も現われてきた。また同時に、さまざまに現われ出てきた派閥に関して多くの苦悩も体験することになった。極度の緊張と疲労の中で、フレーベルは一八五〇年の初めにマリーエンタールにやって来た。五月に、マイニンゲン公より、マリーエンタール宮殿をゆずり受け、ここに移住した。

マリーエンタールの養成施設の参加者は、次第に増加していった。至る所から女性や男性がやって来て、フレーベルの教育方法を導入しようとした。新しい幼稚園が多くの土地で出来た。ゲッチンゲン、ニュルンベルク、シュマルガルデン、ゾンネベルク、ベルリン、バーデン＝バーデン、ノルトハウゼン等である。フレーベルによって養成された保母は、大変好評でよい地位を獲得した。また近くでも、フレーベルは注目され出した。公爵家の夫人たちが彼を信頼した。彼女たちはマリーエンタールの施設をしばしば訪問した。公爵夫人は、当時六歳の娘をルイーゼによって、フレーベル法で育てたほどである。

マリーエンタールの家に夫人がいないことを、フレーベルは悲しく思っていた。施設内での家事がフレーベルをしばしば悩ませた。彼には女性としてのルイーゼ・レヴィンがかかわっていた。彼女は彼の妻ではなかったが、弟子たちはルイーゼをそのような人物と考えていた。ルイーゼはフレーベルの世話をしていたが、当然夫人ほどにはできなかった。このような状況の中で、二人は相互に内的に結びつこうと思うようになった。しかしフレーベルの親戚はそれに強く反対したし、カイルハウの仲間たちも若干当惑した。だが、多くの障害を克服して、ついに一八五一年六月九日に結婚式が挙行され、弟子と友人たちによって祝福された。

二　幼稚園禁止令

二人の結婚後、二ヶ月間は何事もなく過ぎ去った。その頃、あたかも晴天のへきれきのように、プロイセンで幼稚園が禁止されたという知らせが届いたのである。フレーベルはその第一報を、リーベンシュタインの古い町を散歩している途中、ある知り合いの湯治客から聞いた。その湯治客は、丁度今、自分は「ベルリン報告書」の中で全プロイセンに妥当するようなフレーベルの幼稚園の禁止を読んだ、という驚くような報告をした。マーレンホルツ＝ビューロー夫人もまた、マイニンゲンの侯爵が『国民新聞』を読んで「フレーベルの幼稚園がプロイセンで禁止された」と彼女に知らせた時には、とても驚いた。彼女は侯爵が冗談をいっているのだとさえ思った。けれども夫人がその新聞を手にした時、そこには八月七日付けのプロイセン政府の通達が載っていた。どうして子どもの遊戯が国家にとって危険であるのか。侯爵も、マリーエンタールの仲間も、誤った情報が出回っているのであろうと受け止めた。けれどもやはりそれは事実であった。

フレーベルは、一八五一年八月二五日、禁止令が彼の友人や信奉者たちに与える不安を除くため、否それ以上に禁止令の幼稚園に対する破滅的な影響を阻止するために、『村新聞』の中で「声明」を発表した。そしてフレーベルは、マーレンホルツ＝ビューロー夫人と相談の上、大臣フォン・ラウマーに手紙を出すことにした。村新聞の編集局員は、所望された「声明」の確証を添付した。八月二七日にフレーベルは、請願書をプロイセン内閣に提出した。しかし、九月二二日にラウマーは、請願書の中に挙げられた理由や、そこに添付された印刷物の検分をもってしても、彼によって「周到に検討された禁止令」を撤回するような根拠を提出することができないということを、内閣に告知されていたのである。また、フレーベルが切に求めていた彼の努力の人物調査も大臣の回答の中にはまったく触れられていなかった。「幼稚園は禁止されねばならない」という短い回答を受け取った時、フレーベルは深く傷ついた。

このような辛い数週間、フレーベルにとって慰めとなったのは、州政府とマイニンゲン侯爵家が、彼に好意を持ち続けたことである。たとえば、九月九日には、ザクセン＝マイニンゲンのイーダ侯爵夫人がフレーベルをお茶に招待しているし、また九月一五日には、侯爵自身が謁見してくれたのである。その際、フレーベルは、プロイセン内閣への請願書の写しを提出している。

友人もまた彼を見捨てなかった。一八五一年九月二七日から二九日まで、彼らはバート・リーベンシュタインでの「教育者会議」に集合した。ディースターヴェーク、ミッデンドルフ、ケーラー校長、マイカート博士、ゲオルゲンス博士、ヘルマン・ペッシュ、マーレンホルツ＝ビューロー夫人、ヘンリエッテ・ブライマン、その他多数の聖職者、教師、幼稚園関係者および民衆の友である。その上、ワイマールの国務大臣フォン・ヴィーデンブリュクとマイニンゲンの宗教局評定官および視学官であるペーテル博士が共に会議に列席した。徹底的な審議の後、会議によって「公的声明」が出されたが、それは、一八五一年一〇月八日付の『ドイツのための特派員』に詳細に掲載された。

フレーベルは、禁止令に対して幼稚園を公的に弁明する文書を作成した。プロイセン王国大臣によって一八五一年八月七日に出された幼稚園の禁止令に対し、幼稚園の理解者のために、そして評価を下してくれる公衆一般のためにフレーベルが著わした陳情書は、一〇月三一日に完了した。フレーベルは、自己のキリスト者としての確固たる信念を述べ、さらに、その証拠を自己の人生を回顧しながら説明する。そして純粋な意味でイエスの教え子、門弟、継承者となることが、フレーベルのすべての努力であった。

この「陳情書」の中で展開されるフレーベルのイエス像は、仲裁者として捉えられる。すなわち、人類との間を調停する仲裁者、人類と神との間を、さらにはキリストと神自身を調停する仲裁者である。それを具体的に示せば、調和の精神、統一の精神、すべての生の合一された精神ということになる。

フォン・ラウマーからフレーベルの「幼稚園禁止令」撤回を求めた請願の拒否の知らせを受け取った後、彼はフリードリヒ・ヴィルヘルム四世に直訴した。これはマーレンホルツ＝ビューロー夫人がヴィルヘルム四世の謁見に際し請願を仲介したのである。しかしながら、この文書もまた、先のプロイセン政府に宛てた請願書同様の運命を辿る。フレーベルの請願は、一八五一年一二月二七日「最高の命令によって」棄却されたのである。

一八五一年秋バート・リーベンシュタインで開かれた教育者会議とそこでの友人たちの意見の一致は、フレーベルに良い影響を与えた。けれども、マリーエンタールの教育施設を当局に査定してもらうという願望がかなえられなかったことは、彼にとっては幼稚園の禁止令自体よりももっと大きな痛手であった。すでに冬に入ると夫人はフレーベルの活力の減退に気づいた。そして、その冬の内に彼は本気でアメリカへの移住を考え、フィラデルフィアにいるルイーゼの弟にも手紙を書き、当地での幼稚園のための計画を彼に送った。

実は、フレーベルは、一八三五、三六年のスイス時代、さらには一八四五年頃（遊具工場の財政的困難に出合い、幼稚園の普及に疑念を抱いた時期）にかけて、アメリカへの移住を真剣に考えたことがあった。今回のこの七〇歳の老人の移住計画も多くの友人たちの説得に会い、思い留まることになる。

ところで、幼稚園禁止令の真の理由はどこにあったのだろうか。自由教団との関連が有力な説となっている。

岩崎次男は、特に自由教団との関連を重視している[67]。「自由教団（freie Gemeinde）」は、一九世紀前半のドイツにおける宗教革新運動の中から生まれた。その中でも、プロテスタントの陣営から生まれた宗教革新団体が「自由教団」であった。幼稚園禁止令において、内閣より承認された幼稚園の閉鎖は、ノルトハウゼンが第一原因となっている。ノルトハウゼンにおける幼稚園の問題が、一般の禁止令への原因となったのである。岩崎によれば、「「自由教団」の指導者たちは、フレーベルの幼稚園的教育原理に彼らの理想とする人間を育成するものをみ、彼らの勢力を拡大する最も有効な手段であるとみた[68]。」

小笠原道雄も、幼稚園禁止令の真の理由は、自由教団との関係にあることを指摘している[69]。ノルトハウゼンの幼稚園は、自由教団によって設立された。ノルトハウゼンの自由教団は、政府にとって悩みの種であった。この教団の創設者であり、有名な伝道師、指導者であったエドゥワルト・バルツアー（Eduard Baltzer, 1814-1887）がこの地に居すわっていたからである。一八四七年にバルツアーは、このノルトハウゼンに最初の自由教団を設立した。その後各地に自由教団が設立されるようになる。小笠原によれば、「この自由教団は、理性的な教育に大きな位置を置き、そのための最初の基礎としてフレーベルの合自然的な幼稚園教育学を選んだのである。」(70)

ノルトハウゼンの例は、多くの地で模倣され、フェルトの自由教団では、一八五一年夏に同様の幼稚園の設立が企図された。しかし、当地のプロテスタント牧師たちが、激しい抵抗を示した。一八五一年七月一一日に、プロテスタント教区委員が、『フュルター日刊紙』の中で、一つの公示を行ない、親たちに、子どもたちをこの幼稚園に行かせることを公然と戒めたのであった。小笠原によれば、「プロイセン政府は、このように、州教会（Landkirche）にとっての幼稚園の不利益を恐れ、自由教団による幼稚園を禁止したのである。(71)」自由教団が、宗教活動の一環としてフレーベルの幼稚園教育学を取り入れて幼稚園を設立したことが、禁止令に直接関係する。つまり自由教団によって設立された幼稚園を閉鎖するために、すべての幼稚園を閉鎖する政策を取ったのである。フレーベルにとって最も苦痛であったのは、彼が無神論者だと見なされることであった。

一八五二年四月二一日の七〇歳の誕生日の際、フレーベルは多くの人々から祝福を受けたが、その頃は、体の衰えが目立つようになっていた。誕生日から約一ヶ月半後、フレーベルはゴータへ向けて旅することになった。六月三日に会議の会場に入ると、ディスターヴェークの講演に耳を傾けていた全員が立ち上がった。講演の終了後、議長であるテオドール・ホフマンの方からフレーベルに歓迎のあいさつが述べられ、万歳が三唱された。フレーベルの手短な謝辞は、討論の題目「徳を目指した自然学の授業」に関係しており、極めて多くの注目を集めた。彼は子どもたちが自然に接する中でその喜びを呼び覚ましていくような小さな幼稚園について話をした。

フレーベルは、ゴータへ向かっている間は物静かであったが、帰路では表情も朗らかになり、よく話した。森を抜けて続くルーラからの美しい道は、グレックナー山の近くを通っていた。フレーベルはそこで降り、妻に手を引かれて、彼のお気に入りの場所を訪れた。歩くことさえもはや彼には困難になっていたのである。山上にある花崗岩の岩陰で彼らは休憩し、近寄って来たルーラの林務官と話をした。フレーベルは、ある考えを述べた。「私がこの世を去った後に、将来ここに私の名前が残されると嬉しいのだが」と。この願いは実現した。というのも、彼の妻が、後にそのことを願い出たからである。子どもの頃から好きだった素晴らしい自然に包まれながら、フレーベルはこの木の下で、休息を取った。その場所で彼は数多くの幸福な時を過ごしてきたが、これが最後の機会となった。それから彼はマリーエンタールに戻った。

六月六日に突発した病気を、フレーベルは、彼の性格の根治療法と捉えていた。彼は医者の指示に忠実に従い、次の日にはもう、賢明な薬剤の選択に対する感謝と喜びの意を医者に表わしている。

その人生の最後の日まで彼に生気を与えていたものは、愛情あふれる贈り物のすべてに対する無限の感謝の気持であった。すでにフレーベルの衰弱が激しくなっていた夜、彼は何時間も深く沈黙していた。最後に彼は、妻から受けた介護に対して何もしてやれなかったといって嘆いている。けれども彼女が隣の部屋からやって来た時には、彼は嬉しそうに彼女にあいさつを送っている。

身体の衰弱のため心のふさがる時を過ごすようになってからは、彼はいつも窓を開けてくれるよう求め、それから深い黙想の中で、そのようにして自然を味わうことが、とても大きな励みになっていることを讃えた。彼はまた大抵、花を自分に近寄せてもらうことを望んだ。その香りと色は、彼の人生最後の日まで彼を幸せにし、力づけた。

フレーベルは、訪問して来たミッデンドルフやバーロップにも、感謝の気持を伝え、二人は、遺言の中に定めているように、幼稚園事業の物理的な面での引き継ぎに全力を尽くすことを確約した。フレーベルは、人生の最後まで、自分がキリスト教を信じている人間であることを表明している。六月二一日月曜日、午後六時三〇分頃、彼は息を引き取った。

今日、立方体と円柱と球を積み重ねた象徴的な碑石がマリーエンタール近郊、シュヴァイナの彼の墓を飾っている。円柱の表面には、フレーベルの人生の格言「さあ、私たちの子どもらに生きようではないか！」という文字が刻まれている。

注（第一部）

（1）小笠原道雄『フレーベルとその時代』玉川大学出版部、一九九四年、二九頁、参照。
（2）小原國芳・荘司雅子監修『フレーベル全集』第一巻（教育の弁明）玉川大学出版部、一九七七年、六〇頁。
（3）同書、六一頁。
（4）同書、六二頁、参照。
（5）同書、六三頁。
（6）同書、六三頁。
（7）同書、六四頁。
（8）同書、六九頁。
（9）同書、六九頁。

(10) H・ハイラント、小笠原道雄・藤川信夫訳『フレーベル入門』玉川大学出版部、一九九一年、一二頁。
(11) 前掲、『フレーベル全集』第一巻、七〇頁、参照。
(12) 同書、七一—七二頁。
(13) 同書、七四頁。
(14) 同書、七六頁。
(15) 同書、七九頁。
(16) 同書、八二頁。
(17) 同書、八四頁。
(18) 同書、八五—八六頁。
(19) 同書、九九—一〇〇頁、参照。
(20) 前掲、小笠原道雄『フレーベルとその時代』、五一—五二頁、参照。
(21) 前掲、H・ハイラント、小笠原道雄・藤川信夫訳『フレーベル入門』、二〇頁、参照。
(22) 前掲、『フレーベル全集』第一巻、一二五頁。
(23) 同書、一三二—一三三頁。
(24) 同書、一四九頁。
(25) 前掲、H・ハイラント、小笠原道雄・藤川信夫訳『フレーベル入門』、三五—三六頁。
(26) 同書、三八頁。
(27) 前掲、小笠原道雄『フレーベルとその時代』、七九頁、参照。
(28) 同書、八八頁。

(29) 同書、八八―八九頁。
(30) 前掲、H・ハイラント、小笠原道雄・藤川信夫訳『フレーベル入門』、四八―四九頁。
(31) 前掲、『フレーベル全集』第一巻、一六六頁。
(32) 前掲、H・ハイラント、小笠原道雄・藤川信夫訳『フレーベル入門』、四九頁。
(33) 同書、五一頁。
(34) 同書、六三頁。
(35) 前掲、『フレーベル全集』第一巻、一六九頁。
(36) 前掲、H・ハイラント、小笠原道雄・藤川信夫訳『フレーベル入門』、六八頁。
(37) 前掲、小笠原道雄『フレーベルとその時代』、一六一頁、参照。
(38) 同書、一八〇頁。
(39) 同書、二一九頁。
(40) 同書、二二一―二二二頁。
(41) 同書、二二六―二二七頁、参照。
(42) 同書、二三七頁、参照。
(43) 同書、二三八頁、参照。
(44) 同書、二三九頁、参照。
(45) 前掲、H・ハイラント、小笠原道雄・藤川信夫訳『フレーベル入門』、一六三頁、参照。
(46) 同書、一六三頁。
(47) 同書、一六三頁。

(48) 前掲、H・ハイラント、小笠原道雄・藤川信夫訳『フレーベル入門』、一六五—一六七頁、参照。
(49) 前掲、小笠原道雄『フレーベルとその時代』、二四二—二四三頁、参照。
前掲、H・ハイラント、小笠原道雄・藤川信夫訳『フレーベル入門』、一六七頁。
(50) 同書、一五八頁、参照
(51) 前掲、小笠原道雄『フレーベルとその時代』、二五五頁、参照。
(52) 同書、二九九頁、参照。
(53) 前掲、『フレーベル全集』第一巻、三三三頁。
(54) 前掲、小笠原道雄『フレーベルとその時代』、三三一頁、参照。
(55) 同書、三三五頁、参照。
(56) 同書、三三六頁。
(57) 同書、三三八頁、参照。
(58) 同書、三四二頁。
(59) 同書、三四四頁、参照。
(60) 同書、三四五頁、参照。
(61) 同書、三五七頁、参照。
(62) 同書、三六〇頁。
(63) 同書、三八四—三八五頁、参照。
(64) 同書、三八五頁、参照。
(65) 同書、三九二頁。

(66) マーレンホルツ - ビューロー、伊藤忠好訳『教育の原点――回想のフレーベル』黎明書房、一九七二年、五頁。
(67) 岩﨑次男『フレーベル教育学の研究』玉川大学出版部、一九九九年、三〇六―三一三頁、参照。
(68) 同書、三一二―三一三頁。
(69) 前掲、小笠原道雄『フレーベルとその時代』、四一二―四一六頁、参照。
(70) 同書、四一四頁。
(71) 同書、四一五頁。

第一部の執筆に当たっては、主に次の文献を参照した。
(1) H・ハイラント、小笠原道雄・藤川信夫訳『フレーベル入門』玉川大学出版部、一九九一年。
(2) 小笠原道雄『フレーベルとその時代』玉川大学出版部、一九九四年。
(3) 小笠原道雄『フレーベル』清水書院、二〇〇〇年。
(4) R・ボルト、W・アイヒラー、小笠原道雄訳『フレーベル　生涯と活動』玉川大学出版部、二〇〇六年。
(5) E・ヘールヴァルト編、小笠原道雄・野平慎二訳『フレーベルの晩年――死と埋葬』東信堂、二〇一四年。

第二部　フレーベルの教育学

第一章　『人間の教育』における教育原理

一　フレーベルの教育観

(一) 世界観・基本思想

フレーベルの主著『人間の教育』は、次のような難解な文章から始まる。

「すべてのもののなかに、永遠の法則が、宿り、働き、かつ支配している。この法則は、外なるもの、すなわち自然のなかにも、内なるもの、すなわち精神のなかにも、自然と精神を統一するもの、すなわち生命のなかにも、つねに同様に明瞭に、かつ判明に現われてきたし、またげんに現われている。(1)」

「この統一者が、神である。(2)」

「すべてのものは、神的なものから、神から生じ、神的なものによってのみ、神によってのみ制約される。神のなかにこそ、すべてのものの唯一の根源がある。(3)」

「すべてのもののなかに、神的なものが、神が、宿り、働き、かつ支配している。(4)」

「すべてのものは、神的なもののなかに、神のなかに、神的なものによって、神によって、安らい、生き、存続している。(5)」

この冒頭に述べられている思想は、万物に神的なもの、すなわち神の性質が宿っているという思想であり、「万有在神論」といわれる。フレーベルは、こうした傾向を有する自分の思想を、「球体法則」と称する。この立場から、フレーベルは教育について次のように述べている。「意識し、思惟し、認識する存在としての人間を刺戟し、指導して、その内的な法則を、その神的なものを、意識的に、また自己の決定をもって、純粋かつ完全に表現させるようにすること、およびそのための方法や手段を提示すること、これが、人間の教育である。(6)」つまり教育は、人間に宿る神的なものを表現することへの助成を意味する。このことに関連して、フレーベルは次のように続ける。「かくて、人間のなかにある神的なもの、すなわち人間の本質は、教育によって、人間のなかに展開され、表現され、意識化されるべきであるし、またとうぜんそうでなければならない。したがって人間も、かれのなかに働いている神的なものに自由にかつ意識的に従って生きることができるように、またこの神的なものを自由に表現することができるように、高められるべきであるし、またとうぜんそうでなければならない。(7)」

だが、神、神的なもの、あるいは神の性質が人間に宿るといっても、何のことかわかりにくい。そこで、キリスト教において、神は完全なる善であるので、神的なものを「善さ」を置き換えると、われわれ日本人には少しわかりやすくなるのではないかを思われる。そうすると、こうなる。「人間には、神の善さが宿っていて、教育は、その人間に宿っている善さを表現することへの助成を使命としている」と。

フレーベルは、人間を、神と自然との関係において捉える。「人間と自然とは、共に神から生じ、神の制約をうけながら神のなかに安らう存在であることを、教育、教授、教訓によって、人々の意識に高め、またそれを人々の生命のなかに有効に働かしめること、これが、教育全体の義務である。(8)」つまり、神と人間と自然を三位一体なものと捉える。

(二)　受動的・追随的教育

フレーベルは、命令したり、干渉したりする教育に対して、子どもを見守り、環境を整える立場である「受動的・追随的教育」を、第一の原理としている。なぜなら、神的なものの作用は、妨害されない状態においては、必ず善であるし、また善でなければならないからである。したがって教育の方法は、人間の内にある神的なものを表現させるようにして、できるだけ妨害しないことである。つまり、人間には善さが宿っているので、命令したり干渉したりせず、受動的・追随的教育により、その善さが表われ出ると考えている。

フレーベルによれば、命令的、干渉的教育が扱う対象は、一般に二つしかない。それは、それ自身に基礎を持っている真の理念か、あるいはすでに以前から存在し承認を受けてきている模範的なものかである。ところが、それ自身に基礎を持つ生きた思想が要求したり、それ自身において真であるものが命令したりするところでは、いわば永遠なものが支配している。それゆえ永遠なものは、ここでもまたまさしく受動的、追随的な形で現われてくるはずである。「なぜなら、生きた思想や永遠なものや神的なものそのものが、自由を持ち、神に似るように創造された存在である人間の自由な自己活動と自己決定とを、要求し、制約しているからである。[9]」

それゆえ、命令的・干渉的教育は、受動的・追随的教育に包括されると見ることができる。なぜなら、命令的・干渉的教育においても、永遠なもの、すなわち神的なものは、必ず受動的、追随的な形で現われてくるからである。つまり、神が創造的な人間に自由な自己活動を要求しているのである。すなわち、人間の内にある神的なものが、人間に自己活動をさせるといえよう。こうして、受動的・追随的教育は、自己活動を尊重する立場であることが理解できる。

二　発達観と発達段階

(一)　乳児期

乳児期は、外的なものを内面化する局面が主導的な段階である。フレーベルは、乳児の特徴について次のようにいう。「生れでたばかりの人間は、この段階で乳のみ子と呼ばれるが、これは、言葉の完全な意味においてもまたそうである。というのは、「のみこむ」ということだけが、子どもがかろうじてできるほとんどただ一つの活動であり（子どもは、かれをとりまく人々の状態をのみこまないだろうか。）、上述の泣くとか、微笑するなどの諸表出も、まだなお全くかれ自身の内部にとどまっており、「のみこむ」という活動に、直接にかつ不可分に伴なっている作用だからである(10)」と。まさにこの段階の人間の営みは、外部の多様性を受け取り、それを自己の中に取り込むことにつきるのである。

フレーベルは、乳児期を感覚の訓練の時期として捉える。「対立するものを通しての事物の認識という法則に従って、幼児のなかにも、まず最初に聴く感覚すなわち聴覚が発達する。この聴覚によって、および聴覚を通して、導かれたり、制約されたり、刺戟されてたりして、はじめて、見る感覚すなわち視覚が、あとから発達してくる。(11)」また、乳児期は四肢の訓練の時期でもある。「感覚の発達につれて、同時に、またそれとつりあうように、身体の、特に四肢の使用が、幼児のなかに発達してくる。(12)」この時期は、感覚器官や四肢を使用することが、大切である。決して子どもを寝かせておくだけにしてはならない。フレーベルはいう。「それゆえに、子どもたちは、幼いころから、活動の対象を外部から与えられずに、余りにも長く、寝床や揺りかごのなかに、ほうりだされたままにしておかれてはならない。そのうえ、身体の虚弱化を避けるためにも、このような扱いをされてはならないのである。」[13]なぜなら、身体の虚弱化は、精神の虚弱と柔軟を生み出す原因となるからである。

(二)　幼児期

乳児期が主として外的なものを内面化する段階であるのに対して、幼児期は、内面的なものを外化する側面が主導的な段階である。フレーベルによれば、「感覚器官や身体や四肢の活動が発達して、子どもが、つぎに内的なものを、外部に、自発的に、表現し始めるようになると、人間発達の乳児の段階が終り、幼児の段階が始まる。」[14]そしてフレーベルは、この幼児期から、人間の本来の教育が始まると考えている。「幼児期の段階、すなわち内的なものを、外的なものにおいて、また外的なものを通して、目に見えるものにし、さらに両者の合一を、両者を結合する統一を、求め、志向するこの段階から、人間の本来の教育、すなわち身体の保育や保護という面はなるほど減少するが、精神の保育や保護の面は増大するところの教育が、始まる。」[15]人間の生命段階はそれぞれ重要であるが、この幼児期の段階は、特に重要である。なぜなら、幼児期は、周囲の人々や、まわりの外界と初めて結合し、合一するものの発達や、これらのものを解明し、理解するための、つまりこれらのものの内的な本質を把握するための最初の出発点を含んでいるからである。

この段階においては、言葉や言葉による表示も、話している子どもにとっては、表示される対象とまだ一体をなしている。すなわちこの段階の子どもは、まだ語と事物を分離することができず、これらは一つのものなのである。したがって子どもは、遊戯をしながら、進んで多くのことを話すものである。フレーベルは、「遊ぶということと、話をするということとは、子どもが現にそこにおいて生きているところの元素である」[16]と述べ、遊びと言語を幼児期の重要な契機であると見ている。またフレーベルは、「遊戯することないし遊戯は、幼児の発達つまりこの時期の人間の発達の最高の段階である」(17)と述べ、遊びは、幼児期の子どもの自己表現として、何よりも大切であると主張している。

フレーベルは、幼児期における食物や衣服についても言及している。食物は、単純で適度なもので、常に栄養の手段となりさえすればよいと考えている。衣服は、あまり細かく裁断されたり、縫い合わされたりして、身体を束縛してしまうものであってはならないと指摘している。なぜなら、衣服は、それが身体に及ぼすのと同じ作用を、子どもの精神にも及ぼすからである。また衣服の形式や色彩や形態が、目的自体として現われることがあってもならないと述べている。

フレーベルによれば、リズムのある規則的な運動が、幼い頃から発達していれば、生活全体の中で極めて有益なものとなる。つまり、律動的、規則的な運動が、幼い頃から純粋に発達していれば、より容易に、生活の規則的な妥当な節度を手に入れ、多くの恣意や不合理や粗野は消え、調和や節度や和合が生活の中に多く現われ、後になれば、自然や芸術、音楽や詩作に対するより深い感受性が発達すると考えている。幼い子が、よく母親をまねて歌うことがあるが、このように歌うことが、将来の旋律や唱歌の発達の最初の萌芽として、子どもの養育者によって注意され、発達させられるようになれば、やがて、話すことの場合と同じような子どもの自己活動性が、確かにこの場合にも現われてくるであろう。

フレーベルは、「人間が、自発的にかつ自力で平衡を保てるような力を持つようになったときに、立たせるのがよい。自発的に前に進みながら、自分の力で平衡を保つことができるようになったときに、歩かせるようにするのがよい」(18)と述べている。だから彼は、次のように戒めている。座ることができるようになり、次に自分のそばにある何か高いものにすがって立ち上がることができるようになり、最後に何にも頼らずに平衡を保つことができるようになるまでは立たせてはならない。這ったり、自由に立ち上がったり、自分で平衡をとったり、平衡をとりながら前進したりすることができるようになるまでは、歩かせてはならない。そして彼は、子どもが歩き始める様子をよく観察し、子どもが母から離れて歩き出し、また母のところへ戻ろうとすることや、歩いて何かを手に取り上げて運んでくる様子なども記述している。

フレーベルは、言葉とともに「図画」が表現の重要な手段の一つであると考えている。彼は、図画指導の際、親や教師は常に言葉と結びつけて指導すべきであることを指摘している。またフレーベルは、「数」もまた具体から抽象へという過程で認識してゆく場合の一つの手段であると同時に、より正確に表現してゆく場合の一つの手段でもあると考えている。そして、幼児期においてこの数の認識への契機となるのが、図画なのである。

一般に幼児教育は、女性の仕事、母親の仕事であるように考えられているが、フレーベルが幼児期の教育における父親の役割を高く評価している点は、注目されるべきことであろう。

㈢　少年期

フレーベルは、『人間の教育』において、人間の発達段階を、乳児期、幼児期、少年期に区分している。そして彼は、この発達段階を外界と内界との関係で説明している。乳児期は主として外的なものを内面化する段階であり、これに対して幼児期は主として内面的なものを外に表現する段階であり、さらに少年期は主として外的なものを内面化する段階、学習の段階である。これを、両親または教育に当たる者の側面から見れば、乳児期は主として保育の時期であり、幼児期は教育を主とする時期であり、これに対して少年期は教授を主とする時期である。すなわち、

「少年時代における人間の発達や形成の仕事は、教授として行なわれる。[19]」それゆえ、教授の仕事は知識や洞察や全面的な顧慮や全体的な概観を持って意識的に行なわれる時、初めて可能である。こうした教授の場が、学校である。

フレーベルは、学校について次のように述べている。「学校とは、したがって、人間が、自己の外にある事物やその本質を、それらに内在している特殊な法則や普遍的な法則に従って、認識するように導かれるところであるし、またその認識に到達するところである。すなわち、外的なものや個別的なものや特殊なものの提示を通じて、人間が、普遍的なものや内的なものや統一的なものを認識するように、導かれるところであるし、またその認識に到達するところなのである。それゆえ、少年時代の人間は、同時に学校の人〔生徒〕(Schüler) になる。[20]」つまり、少年期とともに、人間にとって最初の学校が始まる。たとえこれが家庭の中で行なわれようと父親によって行なわれようと教師自身によって行なわれようと、それは関係ない。それゆえ、ここでは学校という名の下に教室や学校の経営が意味されているのではなく、意識的な目的のために、しかも意識された内面的な連関において意識的に行なわれる知識の伝達が意味されている。

さて、乳児期に目覚まされた共同感情から、幼児期に衝動や傾向が発達してゆき、そうした衝動や傾向が、感情や心情の形成を通じて、少年期に精神や意志の活動が生じるが、その意志の活動を、意志の強固さにまで高めることや、その強固な意志を形成してゆくことが、少年期の教授の目標として重要なものである。そして少年の自然のままの意志活動を、真の意志の強固さに高めるための方法は、実例と言葉である。

フレーベルによれば、幼児期において単に活動のための行動にすぎなかったものが、今や少年においては仕事のための活動になる。「すなわち、幼児の活動衝動は、少年においては、形成衝動ないし造形衝動に発展し、このなかに、この時代の少年の外的な生命の全体が、少年の外的な現われが、とけこんでしまうのである。[21]」それゆえ、かつては単に活動することが、幼児を歓ばせたが、今や一定の目的を持った行為が、少年の喜びをつくる。もちろん少年時代は冒険を好む時期である。しかし、自分自身の庭をつくること、特になんらかの収穫をあげるために庭作りに従うことが、この年頃では特別に重要なことである。また、フレーベルは、幼児期と少年期との遊戯の目的の違いについて、「前の時期つまり幼児期においては、活動そのものだけが、遊戯の目的であったが、いまや遊戯の目的は、つねに一定の意識された目標である(22)」と述べている。

フレーベルは、少年期の教授について言及する際、人間の本質はそれ自体において善であり、決して悪いものではないと改めて述べている(23)。ところが、彼は、「人間ないし幼児や少年を最初に悪くするものは、たいていの場合、人間である、他の人間である、しかも、しばしば教育者自身でさえあるということこそ、確かにきわめて深い真理である(24)」という。つまり、本来善である子どもを悪くするものは、他の人間であり教育者であるとする。この考え方は、ルソーの『エミール』の冒頭の文章、「創造主の手から出る時には、すべてが善いものであるが、人間の手にかかるとそれらがみな例外なく悪いものになってゆく(25)」を思い起こさせる。

(四)　学校と教師

フレーベルは、学校概念について次のように述べている。「学校とは、事物および自己自身の本質や内的な生命を、生徒に認識させ、意識させることを目ざして、努力するところである。すなわち、事物の事物に対する、および事物と事物の間の内面的な関係や、人間ないし生徒に対する事物の内面的な関係や、すべての事物の生きた根拠や自明な統一に対する、つまり神に対する、事物の内面的な関係を、生徒に教え、意識させようと努力するところである(26)」と。すなわち学校は、万物の根源である神に対する事物の内的な関係を生徒に教えるところである。

フレーベルによれば、教授の目的は次の点にある。「すなわち、すべての事物が、神において統一され、神のなかに安らい、神のなかで存続し、神のなかで生きるものであることを、生徒に洞察させると共に、生徒が、将来実生活において、この洞察に従って行為したり、活動したりすることができるようにしてやるという点にある。[27]」そのための手段や方法が、教授ないし教授活動そのものにほかならない。したがって、学校や教授を通して、外界にも属している者としての生徒自身が、生徒に対して対象的な、別のものとして現われてくる。学校は、次に、さらに進んで、個々の事物や関連を教示する。こうして学校は、次第により高次の普遍性や精神性へと上昇してゆく。それゆえ、家庭の秩序から抜け出て、世界のより高次の秩序の中に入ってゆくことこそ、少年を生徒たらしめ、学校を真の学校たらしめるものである。

フレーベルによれば、純粋な学校は、それ自身において明白なひとつの意識を前提としている。「その意識は、すなわち、いわば外界と生徒の上にも、またそれらの間にも漂っている、両者の本質を自己のなかに統一している、両者の内なるものを自己のなかに担っている、両者の間にあって両者を媒介している、両者に言葉と相互理解を与えている、意識である。このようなことをするのが、この技術の達人（Meister）としての先生なのである。[28]」つまり、外界と生徒を媒介し、両者に言葉と相互理解を与えるのが先生なのである。そして、先生は、事物の内面的、精神的な本質を、自己自身や他の人に証明してやったり、洞察させてやったりしなければならない。そこで、どの子どもも、どの学童も、このことを、自分たちの先生から予感したり、このことを、自分たちの先生に期待したり、信頼したり、要求したりしている。「このような予感や期待や信頼こそ、かれら相互の間を結合する眼に見えない、しかもきわめて有効な絆である。[29]」したがってフレーベルは、「この予感とあの信頼こそ、すべてのものに生命を吹きこむ空気である[30]」と述べている。

こうした生徒の信頼にこたえて、たくさんの事物を必然的な内面的、精神的統一において示すことが、学校の先生の精神でなければならない。「したがって、精神こそが、学校を学校たらしめ、教室を教室たらしめる唯一のものである。」[31]また、あらゆる事物に内在し、永遠に生きている一なるものを顕現せしめることのみが、学校を学校たらしめるものである。

ところで、フレーベルは教師に対して次のように語りかけている。「諸君がなにも知らないのなら、子ども自身と同じように振舞えばよい。父親や母親の許に行くがいい。子どもといっしょに、子どもになるがいい。生徒と共に、生徒になるがいい。かれとともに、母なる自然と、自然のなかに宿る父なる神の精神から、学ぶがいい。神の精神と自然自身が、諸君がその導きと指導に従うならば、諸君を導き、指導してくれるであろう」[32]と。フレーベルは、教師に、子どもと同じように振舞うこと、父母を訪ねること、子どもと一緒になって遊ぶこと、そして生徒とともに歩むこと、を勧めている。このことは、「共同感情」に基づいていると考えられる。共同感情とは、子どもと、親、家族、人類、自然および神との一体感情であるが、この考え方によれば、教師も、子どもや父母と、もちろん神や自然とも一体である。だから、神や自然に従えば、教師は自ずから導かれるのである。

そして、フレーベルは、当時の学校制度の問題点と関連させながら、彼の基本的な教育原理に基づく教授法について次のように述べている。「一般に、どんな教訓やどんな教授においても、つねに、少年のなんらかの要求や必要感に結びついた方法がとられるべきであるし、しかもこの少年の必要感や要求は、少年が、効果的にかつ首尾よく教訓され、教授されうるまえに、予め、なんとしても欠くことのできないものとして、なんらかの関係において、少年のなかに展開されていなければならない。この点にこそ、われわれの学校、ないしわれわれの教育制度が持っている無数の不完全さの中心がある」[33]と。すなわち、教授においては、少年の要求や必要感に結びついた方法が取られるべきであり、この少年の要求や必要感は、教授の前提として少年の中に展開されていなければならない。なぜなら、フレーベルにおける教育は、自己表現への援助であって、決して一方的な注入ではないからである。つまり、ここにフレーベルの基本的な教育原理である受動的・追随的教育の立場が主張されている。もちろんその立場は、あくまでも生徒の自発的な自己活動を尊重する。フレーベルは、こうした点が考慮されていない当時の学校制度への不満を表わしているのである。

またフレーベルは、教師の自己教育に関して次のようにいう。「したがって、すでに長いこと、多くのことを教えてきたものでも、しかも、たとえ、きわめて単純なことを繰り返し繰り返し教える場合でも、教えながら、学ぶことであろう。すくなくとも、筆者にとっては、このことは、いまにいたるまでも、なお、つねに変ることなく、そうなのである。もしそうでないとしたら、教えるための力や勇気は、いったい、どこから、教師に湧いてくるのだろうか(34)」と。フレーベルは、教師が教えながら学ぶことが何より大切であると考えている。教師は、教育に当たりながら自らも学ばなければならない、つまり教えつつ自己教育をしていかなければならないのである。

三　学校における主要な教科

(一)　宗　教

フレーベルは、主要な教科として、宗教、自然、数学、言語、芸術について論じている。彼は、教科論の最初の部分で宗教について次のように述べている。「知覚された独自の精神的な自己が、ないし人間の精神が、もともとは神と一つのものであったという予感を、明確な意識に高めようとする努力、およびこの意識に基づいて神と合一しようとする努力、さらに、この神との合一のなかで、生活のそれぞれの状況や関係を清くかつ強く生きぬいていこうとする努力、これが宗教である。宗教とは、すでに成立してしまっているものではなく、永遠に進展し続ける努力であり、まさにこの努力を通してこそ、永遠に存続し続けるものなのである」[35]と。こうした宗教を前提として、宗教教育が考えられている。したがって、フレーベルの宗教教育においては、神との合一が目指されている。

フレーベルは、家庭における両親と子どもとの関係が、宗教教育においても重要であることを強調している。[36]つまり、人間と神との調和は、家庭における子どもと両親の調和と同様のものである。フレーベルは、自分の宗教はキリスト教であると言明し、宗教教育、キリスト教教育の重要性を強調している。

(二)　自然および数学

フレーベルは、宗教が言い表わしていることがらを、自然が示し、自然が表現していると考えている。[37]つまり、自然および現実に存在しているものは、すべての神の告知であり、啓示である。それゆえ、それぞれの事物は、神的な本性、神的な本質を持っている。すなわち、自然の多種多様な個別的現象が持っている、高い象徴的意味の内面的根拠を探るならば、その中に確固不動の根拠を持っているということ、自然と人間とは、永遠にして唯一なる存在の中に、その根拠を持ち、自然と人間の発展は、まったく同一の法則に従うものであることがわかる。[38]

フレーベルは、球形が、自然の形態の原型として、それらの統一として現われ、また結晶体としての固形体が、地上の形態の第一の現われであると考えている。フレーベルの球体法則および結晶体の思想は、彼の恩物の体系に明瞭に現われてくる。

フレーベルは、自然や生命の多様の中に動かない点を求めるならば、数こそ不変の固定点であり、数が導く道こそ、確かな道であると考えている。[39] 数学は、内なる世界と外なる世界の現われとして、人間および自然に等しく所属している。数学は、人間と自然との間の媒介者であり、統一者であり、認識を生み出すものであり、自己自身によって直接に認識を制約するものである。

(三) 言　語

フレーベルは、宗教と自然と言語に関して、宗教は心情と統一性に、自然ないし数学は悟性と個別性に、言語は理性と多様性に関係すると考える。[40] 宗教は存在を、自然は力の本質を、言語は生命を告げ知らせようとしている。フレーベルによれば、宗教、自然、言語の三者の統一を認識することが、学校の教育の基底になければならない。

人間の内面的なものを外化し、自発的に表現したものが言語である。それゆえ、人間の完全な言語は、人間の本質や内面と結びつきながら、不断に人間を表現するものとして、最も活発に運動しながら、かつ最も軽快に運動することによって、自己のすみずみまでも表現するものでなければならないし、また必ず聞き取ることのできるものでなければならない。また、言語は内部世界と外部世界への関連からのみ理解されるべきではなく、つまり両者の法則性に依存してのみ理解されるべきではなく、言語は自己自身の中でもう一度独自の法則性を示す、自己の存在領域を設定する。

フレーベルは、言語教育に関して、言語と事物の現実的直観とを結びつけて教えることの大切さを強調している。[41] なお、言語の本質が考察を促す事柄の中では、特に、言語の律動法則（リズム）に注目しなければならない。さらに、人間精神の普遍的な発展の歩みに従って、書くことと読むことが発達してくる。

(四) 芸術

フレーベルは、人間の努力は三重になっていると指摘する。(42) 第一のものは、主として宗教の努力であり、第二のものは、自然考察の努力であり、第三のものは、主として自己表現や自己発展や自己省察の努力である。第三のものとのかかわりにおいて、数学は、人間の内面に存在している普遍的な合法則性の表現に関係し、悟性を要求し、言語は、知覚され認識された内面の表現に関係し、理性を要求する。ところが、人間がその本質全体を完全に表現するためには、なおもう一つのことがどうしても欠けている。それは、生命の表現、内面的な生命そのものの、直接に感受されたものの、つまり心情の表現である。すなわち人間の内面的なものの、人間それ自体の表現が、芸術である。(43)

芸術は、その究極の統一においてのみ、内的なものの純粋な表現として考察され、直観される。(44) 芸術は、内なるものの表現として現われる際に必ず結びつかなければならない材料ないし素材を通して、種々異なる現われ方をする。

純然な音響だけによる表現としての芸術が音楽であり、主として唱歌である。純然な色彩だけによる視覚表現としての芸術が、絵画である。塊の形成や形態化による空間的表現としての芸術が造形である。またフレーベルによれば、素描や、韻文による表現も、芸術に属する。

(五) 家庭と学校の結合

フレーベルは、家庭と学校の結合という観点を重視する。そこで、家庭と学校の結合によって制約される個々の教科について提示している。(45)

その個々の教科は、宗教に関しては、宗教的感受性の喚起および育成、宗教上の箴言の習得である。人間の心情をますます生き生きと神に合一させようとするのが、宗教的感受性である。宗教上の箴言の習得は、特に、自然と人間、および両者の神に対する関係に関する宗教上の箴言を、主として祈りのために習得することを意味する。

身体と自然と表現に関しては、身体の尊重およびその知識とその訓練、自然および外界の考察、詩および唱歌の学習、言葉の練習、空間的表現の練習、網の目を用いて図を描く練習、色の把握、遊戯、お話、小さな旅行と大きな散歩である。

フレーベルは、身体の訓練こそ、学校での教育において最も重要なものであると認識している。というのは、身体の訓練こそが、真の躾に導き、精神の形成の基礎になるからである。

自然および外的世界の観察と考察は、最も身近なものや近くにあるものに結びつき、そこから出発する。そして、離れているものや遠くにあるものに進む前に、まず最も身近な環境の知識を求めるものである。

詩および唱歌の学習は、身の周りの自然の事物に生命を与えたり、自分の家庭生活のいろいろな現象や出来事に意味を与えたりして、その純粋な深い意味において示す短い詩を習得することを目指すが、このことは、特に歌うことを目的として、唱歌を通して行なわれる。

言葉および発音の練習は、自然や外界の観察から出発して、それに結びつきながら、次第に内なる世界の観察に移るという形で行なわれる。ただし、言葉や発音は、聴覚に訴える表現手段であることを、常に、明確にかつ厳密に心に留めておかなければならない。

空間的表現の練習は、単純なものから、複雑なものへ進みながら、規則と法則に従って行なわれる立体的空間的な外的表現の練習、およびそれを習得させるための練習を意味する。この練習に属するものは、すでに一般的な加工を受けた材料を用いての表現、たとえば組み立てること、一般的にいえば形をつくるための手工、たとえば紙細工、厚紙細工、木工など、並びに、一定の形はしていないが、可塑的な特に柔らかな材料からの造形である。

線によって平面上に表現する練習は、人間の中心線と胸の線によって与えられる垂直および水平の方向と常に関係を保ちながら、かつこの関係を通して行なわれる。この垂直の方向と水平の方向は、あらゆる形を直観し、把握するための手段である。この二つの方向が何度も反復して描かれると、網の目が現われてくる。したがって、必然的な外的法則に従って、網の目を用いて図を描くことが、ここでの練習となる。

色の把握は、主に二つの仕方がある。すでに出来上がっている形に注目しながら、平面空間上にいろいろな色を表現することによって、色の異同を把握すること、つまり輪郭だけ与えられている形に色をぬること、および後には色そのものやその関係に注目しながら、色をぬること、つまり網の目に色をぬることがある。

遊戯は、あらゆる種類の自発的な表現と練習を意味する。少年期の遊戯は、端的に、模倣、学習したものの自発的な応用、自発的に行なう形成および表現、に区別される。お話は、歴史や伝説や寓話や童話などを、日々の出来事、季節の折々の出来事、生活上の出来事に結びつけて話してやることを意味する。

小さな旅行と大きな散歩が、教育や教授の優れた手段として、少年期の初期や学校の時期の初期においても、本質的に大いに注目されなければならない。というのは、人間は、神や人類との関係と同じように、自然との関係においてもまた、自己を一つの全体として認識しなければならないからである。

数学に関しては、算数の学習、形の学習である。算数の教授は、万物の中に潜む合法則性を少年に明瞭に認識させる役割を持つ。数を比例関係において考察することは、少年の次の発達段階に属する、とフレーベルは指摘している。諸々の形は、とりわけ直線的なものの媒介を通して、直観され、認識される。諸々の対象および対象の部分や輪郭が、相互間の位置関係や方向関係に従って考察される。たとえば、窓、椅子や机の脚などの考察である。この段階においては、普遍的真理の直観よりも、いろいろな形を何度も繰り返し表現したり、それを実際に事実として直観したりすることの方が重要である。

言語に関しては、発音の練習、書き方の練習、読み方の練習である。話し方の練習を通して、生徒にまず直観させなければならない、第一のことは、語の大きさの差違である。発音の練習において、生徒に十分にのみこませるべき第一の事柄は、音節数の差違である。音節（綴り）の数の次に考察の目標となるのは、それぞれの音節の部分の異種性である。フレーベルによれば、母音がその本質および発生の仕方に基づいて認識されると、今度は、いわば母音の身体をなしている語の諸部分、すなわち母音の身体（子音）に注目しないわけにはいかなくなる。次に続く教授段階において、語の音節の長短、語に内在している運動法則、その運動法則によって制約される、運動の分肢と運動の全体への、多様な結合関係、を意識させる考察が生じてくる。

少年の発達段階において、語の構成要素を一定の記号に結びつけること、そのために一定の記号を定めること、すなわち聞くことはできるがすぐ消えてしまう言葉を書くということの必要性が、不可欠の事柄として現われてくる。フレーベルは、受け取ることが与えることを前提にしているように、前もって与えていなかったら何かを受け取ることができないという考え方に基づき、読むことは、書くことよりも後に取り上げられなければならない、と主張する(46)。なぜなら、少年は、本来すでに、読むことができるからである。つまり読むことは、すでに少年がこれまで書いた一つ一つの語において、常に副次的に行なわれていたからである。

少年は、自分で考えたり直観したものを書き写す際に、読むことの練習をしていたのである。この読むことは、書くことよりも後に取り上げられなければならないという主張は、われわれ日本人にはわかりにくく、疑問を抱く点かもしれない。ドイツ語はアルファベットで構成されているので、日本語の平仮名を学ぶこととは違うのではないかと思われる。

(六) 教科の意義

フレーベルは、『人間の教育』において、幼児期が終わり、少年期を迎えた人間が生徒として教授される時期には、家庭生活と学校生活の結合という不可欠の要請を顧慮し、その要請に基づいて諸教科を展開すべきであると考える。この場合の諸教科は、生徒としての人間にとっての主要な教科群である、宗教、自然、数学、言語、芸術にほぼ対応するものであるが、かなり細かく一七の教科領域として示されている。その中でも最も基礎となるのは、宗教教育であり、そこでは、フレーベルが、神とイエスの関係と、父と息子の関係を同一視しているのが興味深い。このことは、少年期の教授が、少年に創造的な神の本性を自覚させ、息子に職業に関する教授を行なうことと関連する。しかし、フレーベルは、少年初期の人間に対する教育は特定の職業教育をすべきではなく、普通教育をすべきであると考えている。

フレーベルは、当然のことながら、少年の生命の中に現われてくる多くの現象は、決してまだ特定の方向を持っていないと理解している。(47) たとえば、色をぬる作業に従事しても、それは決してまだ画家を意図するものではないし、音や唱歌の練習をしても、決してまだ音楽家の育成を目指すものではない。これらの作業が目的としていることは、人間の本質を、少年の中に全面的に発展させ、表現させることだけである。つまり、少年期の教育は、職業教育を意識しつつも、諸教科において基本的に普通教育を行なうという意図が保持されている。したがって、少年期における職業に関する教育は、むしろ父親を通して神の本性、神の父性を自覚させることにあると見るべきである。

フレーベルは、『人間の教育』において述べてきた、教育の方法を、「開発的な教育の方法および教授の方法[48]」と称しているが、それによって、人間が獲得した形式の段階および目標を概観して、一点に総括してみると、次の点が極めて明確に浮かび出てくる、と考えている。すなわち、少年は、独立の精神的な自我と本質とを予感するようになっているし、少年は、自己を一つの精神的な全体と感じ、かつ認識しているということである。したがって、一つの全体を、その統一性および多様性において、自己の中に受け入れる能力が、少年の中に呼び起こされている。われわれ人間は、すでに少年初期に、人間の本質つまり神的な本質の表現に対する能力を、自己の中に持っていることを見出し、認識するのである。この能力を高め、それに熟練と確実さを与えることやそれを自覚させることなどに、少年期以降の人間の将来の生活が捧げられるとフレーベルは考え、そのための方法および手段を証示すること、およびそれを生活や現実の中に導入することにこそ『人間の教育』の続篇と彼の生涯が捧げられると当時自覚していたが、続篇は書かれなかった。ただし、『人間の教育』の基本思想は、その後のフレーベルのあらゆる著作の根底を貫くものになったのである。

注（第二部第一章）

（1）フレーベル、荒井武訳『人間の教育（上）』岩波書店、一九六四年、一一頁。
（2）同訳書、一二頁。
（3）同訳書、一二頁。
（4）同訳書、一二頁。

(5) 同訳書、一二頁。
(6) 同訳書、一三頁。
(7) 同訳書、一四―一五頁。
(8) 同訳書、一五頁。
(9) 同訳書、二二―二三頁。
(10) 同訳書、三八―三九頁。
(11) 同訳書、六二頁。
(12) 同訳書、六三頁。
(13) 同訳書、六五頁。
(14) 同訳書、六六頁。
(15) 同訳書、六七頁。
(16) 同訳書、七〇頁。
(17) 同訳書、七一頁。
(18) 同訳書、八九頁。
(19) 同訳書、一二六頁。
(20) 同訳書、一二六―一二七頁。
(21) 同訳書、一三一―一三二頁。
(22) 同訳書、一四七頁。
(23) 同訳書、一五七―一五八頁。

(24) 同訳書、一六四頁。
(25) ルソー、長尾十三二・原聡介・永治日出雄・桑原敏明訳『エミール1』明治図書、一九六七年、一七頁。
(26) 前掲訳書『人間の教育（上）』、一六九頁。
(27) 同訳書、一六九頁。
(28) 同訳書、一七〇―一七一頁。
(29) 同訳書、一七一頁。
(30) 同訳書、一七二―一七三頁。
(31) 同訳書、一七八頁。
(32) 同訳書、二七八頁。
(33) 同訳書、三一八―三一九頁。
(34) フレーベル、荒井武訳『人間の教育（下）』岩波書店、一九六四年、七五頁。
(35) 前掲訳書『人間の教育（上）』、一八六頁。
(36) 同訳書、一九二頁。
(37) 同訳書、二〇三頁。
(38) 同訳書、二一五頁。
(39) 同訳書、二八〇頁。
(40) 同訳書、二八九頁。
(41) 同訳書、三一〇頁。
(42) 同訳書、三二三―三二四頁。

(43) 同訳書、三二四頁。
(44) 同訳書、三二五頁。
(45) 前掲訳書『人間の教育（下）』、二〇一二三八頁、参照。
(46) 同訳書、二三六頁。
(47) 同訳書、二三九頁。
(48) 同訳書、二四六頁。

第二章　学校構想から幼児教育へ

本章では、フレーベルにおける『人間の教育』以降の学校教育学の構想、すなわち「ヘルバ・プラン」と「ブルクドルフ・プラン」について概観する。両方の計画の中に、後の幼稚園教育につながる構想が見られる点は注目される。フレーベルが、学校構想から幼児教育へ重点を移し、幼児教育に傾注するようになる契機についても考察する。

一　「ヘルバ・プラン」成立の経緯

一八二六年以降、カイルハウ学園は、財政的困窮および生徒たちの相次ぐ退学により、危機的状況に陥っていた。(1)フレーベルは、この危機を打開する方策として、学園をさらにヘルバに設立するために、一八二七年から一八二九年にかけてフォン・マイニンゲン侯爵と交渉し、契約が結ばれるに至った。それにもかかわらず、結局この計画は実現されず、挫折した。

一八二八年からフレーベルとマイニンゲン公との間でこの計画に関する協議が始められ、一八二九年初春、「マイニンゲンのそばのヘルバにおける国民教育施設および同時にそれと結びつけられた、三―六歳の孤児のための保育と発達の施設に関する公告」が出された。これが、「ヘルバ・プラン」と呼ばれるものである。この計画は、マイニンゲンのヘルバに設けられるべき、七歳から一四歳までのすべての子どもを対象とする、国民教育施設の構想である。

フレーベルは、「この学園の教育および教訓はすべての真の認識や、すべての真の生活技術がそこから高まる根拠、即ち、生活そのものと自己創造に基づいており、行為と思惟、表示と認識、技能と知識との間の統一や相互作用に基づいているので、この学園をわれわれは基礎づける学園と呼ぶのである」(2)と述べている。この学園の活動は、自己活動や自己表示から出発する。学園は、一日の半分を外的な作品のための主な活動である労作に割り当て、また半分を内的なものを外的なものにおいて考えながら把握するための主な活動である教訓や教授に割り当てる。教訓や教授は一日の初めの半分を占め、そこでは精神がより自由であり、労作は一日の後半を占める。「労作および外的活動の対象は生活、特に田園生活が多くの家族集団に提供するすべてのものである。」(3)フレーベルは、労作、教授、遊戯は、細分することのできない生命全体、そして将来分割されない、活動力があり理解力のある喜ばしい生活の真の根拠、となるべきものである、と考える。それゆえ、この教育施設は、「基礎づける学園」と呼ばれる。(4)

少年の教育、とりわけ人間への教育は、この学園が基づく基礎である。この学園における教授の対象は、自己や神や自然や人間の認識、つまり倫理学、宗教、自然学（地理学等も含まれる）、歴史であり、すべての純粋に人間的な表現手段や認識手段、つまり母国語の知識と習得であり、空間の知識、すなわち数学、形態学、幾何学および図画であり、色彩の知識、すなわち色彩感覚の練習であり、音の知識、すなわち唱歌と音楽である。(5)したがって、外国語と古典語は除外されている。そして、この学園は、民族のもとに最高なものや最善のものを守り育成しようと努めるので、国民教育施設と呼ばれる。(6)

この学園への入学には七歳から一四歳ぐらいまでの時期が自由に与えられている。[7] この学園の卒業生の進路は、実社会に出て徒弟（見習）として職業に就くか、マイニンゲンの師範学校、ギムナジウム、一般ドイツ学園（カイルハウ学園）などへ進学するものと考えられていた。[8] このように、ヘルバの国民教育施設は、「万民就学の基礎的統一学校」[9]として構想されていた。

また、「ヘルバ・プラン」で注目すべきことは、国民教育施設に、母親および三歳から七歳までの男女の子どもたちのための「保育と発達の施設」[10]が付設されるべきことが主張されている点である。フレーベルは、一八二九年二月一八日のバーロップ宛ての手紙で、次のように述べている。「すでに長いあいだわたしは三歳から七歳までの幼児たちの教育と世話に取り組んできました。一瞬時に凝縮した思想や状況や影響などの総体が、学園と同時に、三〜七歳の両親もしくは母親のない（資力ある境遇の）男女児童のための保育ならびに教育の施設をヘルバに開設する決心をわたしにさせたのであります。この学園は、これまでそれと同様な学園が呼ばれている、いわゆる幼児学校（シューレ）なる名称では呼びません。なぜならこれは学校であってはならず、子どもたちはここでは学校教育を施されるのではなく、自由に発育することになっているからであって、自らがまだ天使ではない人間にとって可能な程度にではあるが、人間の中の神性は大切に保護され育てられなくてはならないからであります」[11]と。この「保育と発達の施設」は、当時の幼児学校や託児所とは異なる、就学前の保育と教育を目標とする幼児教育施設の構想と考えられよう。この意味において、「ヘルバ・プラン」には、後の幼稚園につながる構想が内包されていると見ることができる。

二　ブルクドルフ・プラン

(一) スイス時代のフレーベルと「ブルクドルフ・プラン」

フレーベルは、一八三一年八月に、シュニーダーの所有であったヴァルテンゼー城に学園を開いた。(12) この学校は、寄宿舎にまでは発展せず、全日制学校のままであった。(13) 一八三三年三月、州議会決定に基づき、ヴァルテンゼー学園をヴィリザウへ移転することが正式に決議される。一八三三年五月初め、寄宿舎と全日制学校の組み合わせであるヴィリザウ学園が開設される。(14) その学園の生徒数は三六名、生徒の年齢は六歳から二〇歳までであった。フレーベルは、一八三三年一〇月、ベルン州の要請で「ベルン州貧民教育施設計画」を提出している。(15)

一八三四年四月、フレーベルは、ベルン政府から、ブルクドルフに貧民教育施設を設立し、また初等教育教師のための補習コースを指導してほしいとの申し出を受け、これを承認し、四月以降ヴィリザウの四人の教師研究生(師範学校生徒)の指導をしている。(16) ヴィリザウ学園の運営は主にランゲタールに任された。六月半ば、ブルクドルフ城で、六〇人の初等学校教師のための三ヶ月の補習コースが開設されている。

一八三五年四月一日、市民協議会が、新ブルクドルフ孤児院を開院した。(17) この年の四月にフレーベルとヴィルヘルミーネとランゲタールは、ブルクドルフに移住している。(18) フレーベルは、ブルクドルフの孤児院(初等学校)の指導を始めた。しかし、一八三四年一一月に計画が立てられていたブルクドルフの貧民教育施設は設立されなかった。五月には、ミッデンドルフとエリーゼが到着している。六月には、第二のブルクドルフの補習コース(再教育)が開設されている。フレーベルは、一教官としてそれに参加している。一八三六年一月、フレーベルは、ブルクドルフの教員養成所で、共同創始者として働いている。[19] その養成所は、孤児院と結びつくはずのものであった。そこにおいて、フレーベルは、論文「新しい年一八三六年は生命の革新を要求する」を執筆する。

一八三六年五月二四日、フレーベルとヴィルヘルミーネは、彼女の亡き母親の遺産処理のためブルクドルフを出発し、ベルリンへ向かった。[20] フレーベルは九月半ばまでベルリンに滞在し、その後一八三七年一月までカイルハウに留まっている。その後一八三七年一月一六日にバート・ブランケンブルクに移住している。この地が、その後一〇年間のフレーベルの新たな住まいとなる。

ヴィリザウでは、ミッデンドルフが一八三八年まで指導した。また、ブルクドルフの孤児院では、一八四一年までランゲタールが指導し、それに引き続いてフェルディナント・フレーベルが指導した。

ところで、ランゲの編集による『フレーベル教育学全集』には、ブルクドルフの孤児院における初等学校の計画と実践に関する二つの文書がある。[21] 第一のテクストは、「ブルクドルフの孤児院における初等学校の計画」であり、第二のテクストは、「更新されたブルクドルフの初等学校の、一八三七年の復活祭から一八三八年の復活祭に至る最初の年に授けられた教授の概要」である。

ハイラントは、両方の文書は、孤児院と初等学校の経営におけるフレーベルの後継者であるランゲタールが原著者であることが、文書作成の日付によってわかる、と指摘している。[22] 第一のテクストは「一八三六年一二月および一八三七年一月初め」[23] と記されているし、第二のテクストは、一八三七年復活祭から一八三八年復活祭までの教授の概要であるから、一八三六年五月二四日に、フレーベルがブルクドルフを去ったことを考えれば、確かにハイラントの説にはうなずける。

この二つのテクストの原著者が、仮にランゲタールであったとしても、フレーベルの思想を反映しているものと考えることができるのではないかと思われる。実践報告の方は、ランゲタールが主として関与しているかもしれないが、計画の方は、一八三五年からフレーベルが考えていた構想を、カイルハウに留まっている時に執筆したと考えても不思議ではない。計画は、フレーベルの考えを反映しているものと捉えたい。

ハイラントによれば、特に、実践報告の細部は、フレーベルの学校教育学との関連にとって、比較的わずかの関心しか引かない。それに対して、第一のかなり広範囲なテクストは、より本質的である。[24] なぜなら、このテクストは、外見上はカイルハウの基礎的教授を繰り返しているだけであり、しかも実際この学校段階そのものを再び、一部において、段階において、解明し、組織しているからである。その際、この基礎学校の最初の段階は、特別な関心からのものであり、その最初の段階は、まさに四―六歳の子どもの第一学級を包含し、後の幼稚園の前形式の性質を表わしている。[25] つまりハイラントは、「ブルクドルフ・プラン」において、カイルハウでの基礎的教授および学校段階を繰り返してはいるが、基礎学校の四―六歳の第一学級は、後の幼稚園での教育内容を先取りしていると考えている。

さて、ランゲによれば、ブルクドルフの孤児院における学校は、フレーベルの計画に従って、単に孤児たちだけに限られることなく、この都市のすべての子どもたちに開放された。[26] フレーベルは、むしろその学校の中に市外の子どもたちのための寄宿学校を設立したいと思ったが、この寄宿学校は実際には成立しなかった。

ブルクドルフの孤児院における初等学校の計画は、まず最初に三つに区分される。[27]

第一部は四歳から六歳までの子どもたち。
第二部は六歳から八歳までの子どもたち。
第三部は八歳から一〇歳までの子どもたち。

第四部はそれまでの諸部分の綜合であり、意識やこの部分にふさわしい自覚的な生活における統一であり、それは一二歳までである。

(二) 基礎学校の第一段階

フレーベルは、「その本質において品位ある人間は、神、自然、人間とのその関係に従って、またその考え、感じ、創造する力に従って、発達させられ、陶冶され、教育されるべきである[28]」と述べている。つまり、人間の教育は、神、自然、人間の三位一体の関係において、人間の内的な力への信頼に基づいて行なわれるべきである。このことは、両親、教育者や教師の使命でなければならない。フレーベルによれば、「子どもは、その本質の要求に従って、そのように発達され、陶冶され、教育されることを希望している。[29]」

子どもが学校に行くところまで成長している時、それは子どもにとって極めて重要な時点である。フレーベルは、この時点は子どもがこの世に生まれてくる時にまったくよく似ていると考える。[30] 子どもは生まれてくると家庭の一員となり、家庭の精神生活から栄養と保護とを求めるように、学校でも子どもは共同社会の一員となり、自分のためにその一般的な精神生活から栄養と保護とを求める。

フレーベルは次のようにいう。「両親が信頼して自分の子どもをそこへと連れてゆく、温かく子どもを見守る教育者や教師は、父の家で得たある発達段階に、この子どもたちがすでにいることに気付く。教師は、子どもたちがすでにある特定の活動方向に向かっているのに気付く。子どもたちの諸力のこれらの発達段階やまたそこから出てゆく方向をまず認識し、それらに直接に結びつけ、またそれらにそって発展させること、それがこの時点の正しい把握である[31]」と。子どもの生活から出発し、この発達段階から出てくる子どもへの要求は、子どもの発達を促進するものを含んでいる。

教師の子どもとの「最初の活動」は、「直観的言語訓練[32]」であり、これは対象や対象の性質および関係が、直接に観察されそれと同時に言語で表わされる訓練であり、表記を言語によって、表記する記号そのものを多面的に求めなければならない訓練である。子どもが自分の家庭で前に一人で時々無意識にやっていたことを、今や広い範囲の仲間と一緒に、一定の秩序の中でしかも自律的に行なう。このように学校は、「第二のより高次の父の家[33]」となる。子どもがあらゆる事物や性質のより高い総合的把握や統一を予感しつつ心の中で求めることは、教師によってはっきりと注目される。「その結果、たとえ全く個別的なものや外的なものから出発し、外見上しっかり把握しているようでも、この教授はすでにそれ自体で、結合する精神の力により、統一的な生全体となる。[34]」第一の活動にすぐ結びつく「第二の活動」は、異なった種類の互いに並んだものを、数で表現することである。[35]

子どもの精神的な諸力の多面的な運動によって、これらの諸力はますます発達する結果、子どもはその内面的生活を捉えようと努めるようになる。フレーベルは、「子どものこの内面的な生活とは、父や母や、人間や自然の本質や現象や、またあらゆる生命がそこにあり、またそこから出てくる精神とこれらすべてにおいて、自分が一体であるという感じである。それが子どもの愛である[36]」と述べている。愛や喜びで幸福な子どもは、自分から純粋に歌い出す。詩歌と音楽との美しい結びつきの中で両者は、この段階の子どもの中に発達させられ、また形成されなければならない。したがって、教師が子どもの発達や陶冶をそれに結合しなければならない「第三の活動」は、歌をつくったり歌ったりすることであり、また、歌が出てくる最も深い内面生活や心情生活の栄養と保育とが、そこに存在している。[37]

子どもは、水、砂、粘土、音で、また石、木切れといったあらゆる材料の中に、創造的活動を産み出そうとする。

「歌うことが子どもの内的喜びの表現であるように、形造ることはとくに子どもの内的平和の表現である。[38]」それゆえ、われわれが子どもの内に見出す形造るというこの「第四の活動」は、それ以前の諸活動と同様に重要であり、またそれに劣らず注意深く、教師によって発達させられ形成させられなければならない。[39] この段階で形造ることは子どもにとって、最も内面的な予感や希望と調和しつつ、子どもの全生涯や発達の外的な核心を決定する。「教育者や教師が子どもたちの中に見出し、またそうしながらかれらをさらに指導しなければならない第一および第二の活動が、主として外界の把握に関係したように、第三および第四の活動は主として内界の把握に関係する。[40]」

フレーベルによれば、人間がその本質や生命の、直接の要求によって、形造りながら環境に働きかける力を、実行力と名づける。[41] この実行力の発達が、すでに乳児期において始まり、ますます拡大されてゆく範囲で子どもが力を使用するのを認めるが、その際子どもは独力で力を使用することもあれば、両親の家でさまざまな援助の形でその力を使用することもある。つまり、一部は自分の衝動から、また一部は他から要求されて行なう。これが、教師が注目しなければならず、また合法則的な身体や手足の使用、つまり体操の最初の発端を通して教師が採用しなければならない、子どもの「第五の活動」なのである。[42] 人間の身体や手足こそ、まさに人間が直接にその生命を知らせ、また最も内面的なものやその本質を外化し、形造ってゆくものである。

子どもは、自分の内面から外に出て、外界へと働きかけることによって、外界の反作用をも経験する。子どもは、因果の結果を、この相互作用から認め、自然の根底に横たわっている普遍的な法則を予感し始める。[43] 子どもが自分自身の生活によって理解できる生活経験は、子ども自身の生活において吟味されるように指導されなければならない。こうしたことは、歴史、童話、寓話を話してやることにより生じる。[44] 子どもが何かお話をしてもらえる時、子どもは全身がまったく耳となって注意を集中する。したがってこれが、この発達段階にある子どもたちとの教師の

「第六の活動」である。[45] この活動は、子どもにとって、自分から形造ることや外に向かって活動することとは逆の活動であるように、いわば自己と世界認識、自己と世界吟味のための鏡である。

子どものこれらの生活や活動の方向はすべて、これまでの生活を通じて、支配的にまた個別的に、取り上げられまた保育されてきているが、それらの方向のすべてを、子どもの世界の美しい生き生きとした統合の内に、すなわち子どもの遊戯の内に見出す。遊戯は、話すこと、歌うこと、踊る動きを通して、内的生命の表現を多様に促す。したがって、子どもの遊戯は、あらゆる楽しみや喜びの際に常に現われ、それどころかしばしば十分強く現われ出てくる高貴な真面目さである。それゆえ、子どもの遊戯の保育と指導は、教育者や教師が、子どものために注意し配慮しなければならない「第七の活動」である。[46]

以上のように、子どもを、あらゆる個別的な方向およびあらゆる方向の統合において、したがって子どもの生活全体によって観察し取り上げた。しかし、すでにこの発達段階において、子どもの生活全体にとっての統一点が強調されるべきである、とフレーベルは考える。[47] このような統一点、いわば要石は、人間の生活一般にとっても、すでに早く家庭における子どもの生活にとっても、二つあり、それらは、あらゆる単純で作為しすぎない人間生活の中で歩み寄る。それらを、人生の繰り返し起こる転換点と呼ぶことができよう。すなわち、この二つの転換点とは、「自然の中への共同の徒歩旅行」と「共同で自己の内へ精神を集中すること」である。[48]

清純で素朴な子どもは、一致団結した純粋な家庭生活がすでに与えたものや現に与えているものを、学校に求め、学校から期待する。[49] すなわち、それは、第一にたとえ、屋外への、すなわち神や万物を平和へと解き明かし一致させる自然への、小規模な徒歩旅行であっても、それらとのできるだけ一致させる生活への努力である。第二にそれは、静かな自己への精神の集中であり、全体的な生活領域を最も好んで包括する、自己への内省である。

フレーベルは、基礎的な学校生活においては、家庭生活と学校生活の連携の上に、子どもが内面を省察する生活とともに、徒歩旅行を取り入れることの必要性を説く。[50] 子どもにとってまったく新しい対象との出会いは、彼の活動を刺激し、自然の新鮮な息吹きを感じ取る。そして子どもはより高次の生活の中に自分がいることに気づく。しかも仲間との共同生活によって、子どもは高められる。子どもの身体や精神は強化され、子どもは、自分の家庭の配慮を新たに十分感じながら再び故郷へ戻るのである。

以上によって、教育者や教師が関係している、基礎学校あるいは初等学校（いわゆる予備教育）の最初の部分の子どもの発達は、完了し終了した、とフレーベルは考える。[51] これ以後、子どもは、基礎学校あるいは初等学校の第二段階に入る。

(三)　基礎学校の第二段階

子どもの内面的状態はすっかり変化し、内界および外界の統一と多様性や差異性を、子どもはおぼろげながら心の中で感じるようになる。子どもは、心の中に予感することを、自己の外に観察し、表現しようと求める。フレーベルによれば、「子どもは大人と同様に精神である。[52]」精神は、自分自身の生命を認識したり、あらゆる生命と調和して自分の生命を生かすために、あらゆる生命を認識することを望む。子どもは、環境として概観できる多様な諸対象の間に、相互に統一され他のものから区別される共通したものがあるかどうか、またその他のものが相互に統一されたり区別されたりしないかを発見するように動機づけされることが要求される。こうして子どもは、たとえば多くの対象は遊戯に役立つという点で結合し、それによって内的生命を展開するための手段としての遊具であることや、他の生命を形造る手段としての、作品を生産するのに役立つ遊具であることを見出す。

子どもにとって最初の故郷となる空間は、部屋であり、その次の空間は、階であり、家屋である。子どもは、一つの全体である部屋は、階の一部であり、階は家屋の一部であることに気づく。この極めて重要な真理を後に自分自身の生活に適用し、それにより多くの誤解から身を守るように展開することを、こうした教授の発展が、また同様に子どもの本性が要求する。「こうした教授は、ただ単に受け容れたり感じたりするばかりでなく、また考え、観察しつつ子どもを外界の生活へと導くから、それは外界の観察と呼ばれる。(53)」そして次に挙げられる訓練が、その第一部を構成する。(54)

子どもはすでに、静止したり運動したりしている諸対象の性質や、諸対象間の関係などを概観できる。子どもは、たとえば人間、川、水車、仕事、時計などのゆったりした進行を、「行く」という同じ表現で表わす。したがって、言語あるいは言語を創造した精神は、われわれの表現の多様性を統一にもたらした。こうした訓練は、言語あるいは言語の精神によって規制されるから、それは言語訓練と呼ばれる。そしてこれが、直観的言語から出てくる第二のものである。

子どもは、目前の対象物を、分割、解体、分解することを好む。つくり上げられた単語を、子どもはその構成部分に分解し、最初に単語の構成要素に、さらにこの構成要素を母音と子音とに分ける。「したがって単語のこうした構成要素の知識は、単語の分解により、言語生活から導き出されるということも、子どもの本性に根拠を持つのである。(55)」

人間は考えることを、耳で聞くことのできる言語で表現するが、この言語は速やかに過ぎ去ってしまうので、文字を発案し、書き留めることを行なってきた。したがって、子どもにとっての新しい訓練は、文字の記号を学習し、その記号を組み立て、それらによって表現すること、つまり書くことを学ぶことである。またそこから、書かれて目に見えるようになったものを、再び耳で聞くことのできる語に移し変えること、つまり読むことの学習が出てくる。

さて、この後に数が続く。子どもは自分を取り囲んでいる対象を数えて、数の構成を知り、また数の消去を訓練する。次に、二つの新しい訓練、つまり数を書くこと、数を読むことが続く。

今や歌を作ること、歌を歌うこと、したがって唱歌がこの後に続く。ここでは、歌をその構成要素に、つまり単語と音に分解すること、さらに音を歌の根本諸性質に分解することが生じる。歌の根本諸性質とは、(1)高低、(2)長短、(3)強弱、あるいは、空間、時間、力である。次に、(1)この新しく発見されたものによって、構成し創造すること、そこから自分自身で創作した小さな楽曲が生まれてくること、(2)音を普通の記号で表記すること、すなわち音を書いたり、読んだりすること、が続く。

この後に造形が続く。この場合、新しい訓練、すなわち図画が入ってくる。ここで行なわれる造形は、線画であり、また線による図形の創作であり、本来の図画の第一段階である。

体操は、ますます発展し、その結果その訓練はますます力や器用さを要求し、またそれゆえそれらを一層発達させ、鍛錬する。以前には、身体から外へ向かってゆくような手足の運動がなされていたのに対して、今や身体へと戻るような運動、腕や足を引くような運動も生じる。

お話も発展していく。ただお話は、内容や範囲においてもっと大きく豊富になり、子どものより進んだ生命段階にふさわしくなり、また子どもや生徒の内面的、宗教的生活に特に関係する。

徒歩旅行もまた、歩いて通る空間がただ大きくなることによるだけではなく、看取された多様なものを、一般的に統一する諸関係において把握するために、よく訓練された力、全体的により広く発展した生活によって、範囲が広がり、内容が豊かになる。この段階の子どもは、内界と外界のあらゆる生活を、統一する神の啓示として、すなわち善良なる父の啓示として感じ取るように導かれ、またそれを通して生活の平和や生活の喜びを感じ取るように導かれる。(56) したがって宗教のための教授は、真の宗教生活と一体化したものとして、この生命段階や発達段階にふさわしいものであるべきである。

したがって、初等学校の第二段階における教授の対象は次のようになる。(57)

(1) 外界の観察、第一部
(2) 言語訓練
(3) 単語の分解、書くことと読むこと
(4) 数と、数を書くことと読むこと
(5) 唱歌と音の指導
(6) 形造ること、線画と図形の創作
(7) 体操
(8) お話
(9) 徒歩旅行
(10) 特に一日の始まりと終わりに自己自身へ集中する内省による、子どもの宗教的感情や宗教的生活の育成

基礎学校の第三段階が、これに続く。

(四)　基礎学校の第三段階

外界の観察の第一部において、山へと投げかける子どもの視線の前に展開するような風景の広がりに至るまで、子どもはその環境を見渡した。しかし、人間の精神はもっと深く進展する。子どもは事物を彼の生命において捉えようとするばかりでなく、また生命そのものを彼の根本において、つまり彼の根源的な発生において探し出す(58)。事物の根源については、それぞれの子どもにおいてさまざまな考えが生じる。これに対応して、子どもの思考をその方向へと導くように、今や教授は行なわれる。すなわち、生成したものや子どもによって概観されたものの多様性を、その根源において、あらゆる存在や生命の源泉において、またそこから派生したものとして、またそこに存在しそこに生きるものとして観察するようにし、万物は神の作品であるという認識と洞察と意識へと、子どもを到達させるように教授は行なわれる(59)。ここでの教授において、全体的生命によって、特に子どもの特別な生命を普遍的な生命において見出しまた捉えるということが、基礎づけられ導入される。これは、外界の観察の第二部において生じる(60)。

外界の観察の第一部の終わりで、子どもは風景の概観へと導かれたが、今度はそれに続いて、その構成要素への分解が生じる。すなわち、土地、河川、人間による農耕に分かれる。土地は、さらに、高地、低地、平地などに分かれ、河川は、さらに、流れる河川、よどみ、泉、小川、川などに、また池や湖などに分かれる。このような分類や区別は、一般的な地誌、あるいは地理への導入をなす。

この段階の教授の対象としての言語は、「言語領域の観察あるいは言語観察」(61)である。対象を言語で表現するための書くことが、この教授の段階で言語表現として入ってくる。それは、後の本来の作文を基礎づける。書くことはまた、文字の形式によって同時に美の法則を表現しながら、本来の習字として、特別で自発的な教授において現れてくる(62)。読むことは、言語そのものの中にある法則や、空間、時間、力との生き生きとした結合の要求に従って、

いわば対象の聞こえる再構成として、以前から踏み慣れた過程に従って、前進するのである。(63)

数の教授においては、数の構造という新しい段階が始まる。すなわちこの段階は、数をその固有の法則に従って、あるいは他の数の法則に従って、増すこと、つまり、内的な法則による数の構造あるいは数の有機的な構造である。(64)こうして数字の計算が生じる。今度は、形や量の特別で独自な考察が、物体の知識として、空間の知識、すなわち形と量の指導における基礎づける教授を生ぜしめる。

フレーベルによれば、基礎学校の第三段階までは、よく吟味する、具象的な、生活から分離された、本来の宗教教授は行なわれなかった。というのは、宗教教授は、ただ人間の最も内面的なものや最も奥深いものを育成し発達させるだけでなく、特に人間の本質を自覚させ、人間の本質の要求を認識へ至らせ、またこの認識を生命の法則として実行させるべきものだからである。(65)両親の家で、子どもは最も内面的なものを両親の宗教心によって育まれた。したがって、学校においては、教師の宗教心が子どもの宗教的生活を育成し発展させるのである。

フレーベルは、この時期の宗教教授の端緒は、感謝の感覚にあると考える。感謝の感覚が純粋な喜びの感覚の中に直接存在しているような春の朝、「この喜びを考えると、全くおのずから感謝へと到達する。そして感謝は活動的な宗教の真の中核である。(66)」学校生活における朝のあいさつや一日の終わりのあいさつで、すでに感謝への省察が養われていたが、この段階ではそれがさらに発展する。宗教教授は、一日の始まりである朝とともに始まる。そして、一日という時間の経過を考察し、四季を考察し、人生について、とりわけ老年、失敗の後の状態、人間が病気になった時の状態、不幸に出会った時の状態などを考察する。

フレーベルは、この段階では、いわゆる意図的な宗教教授は行なわれないと考えている。つまり彼は、本来の宗教教授は聖書に基づいて行なわれるべきであると認識している。教授の次の段階では聖書そのものによって宗教教授を行なうのに対して、この段階では、自然へ導くことによって、自然の中に万物の父である神の意志が働いていることを予感させることが宗教教授の目的となる。つまりフレーベルは、この段階では自然が子どもにとって聖書となるべきである、と考えている。(67) このことは、自然現象や生命の中に、神の言葉を認めることができるということを意味している。

さて、この段階では、唱歌、図画、体操、徒歩旅行も、前の段階よりもさらに前進し、展開する。お話は、全人類の歴史や祖国の歴史にまで発展する。したがって、基礎学校の第三段階の教授対象の系列および注目すべき点は、次のようになる。(68)

(1)　外界の観察、第二部
(2)　地理
　(両者は同時に発展して、自然科のために役立つ)
(3)　言語直観
(4)　言語表現、習字、読み方
(5)　数学、数、数字
(6)　空間の知識と物体の知識、形と量
(7)　内界の観察、宗教
(8)　唱歌
(9)　図画
(10)　体操

(11)　徒歩旅行
(12)　歴史の始まり、祖国の歴史

ところで、フレーベルは、この後に続く基礎学校の第四段階を示唆している。[69] 外界の観察、地理、言語直観、数学の知識、空間の知識、また徒歩旅行や歴史等の最高目的は、外界における、また外的現象による、内界、内的生命、外界における統一そのものの認知、把握、堅持である。内界の観察の最高目的は、本質の認識、自己自身の内界やあらゆる事物の内界の要求の助成、究極の根源そのものである神と調和してこれらの要求に従って忠実に生きること、すなわち神と一致した生活、イエスの宗教である。言語表現、唱歌、図画、体操、また徒歩旅行そのものの最高目的は、言語、音、造形によって、またそれらにおいて、自己自身の身体を通して、また生命そのものを通して、内界を表現することである。

これらの三つの目的は、統一され究極の目的において一つになる。その究極の目的とは、「純粋な人間性を生きることによる、人間の使命の実現」であり、「個々人の生活と職業」を理解することである。[70] 一一歳から一二歳までの第四段階の教授では、意図的な、聖書に基づく宗教教育を開始し、人間の使命および職業へ生徒の眼差しを向け、生徒個々の職業への意識を確固としたものにしようとするのである。

三　学校教育学から幼稚園教育学へ

フレーベルは、『人間の教育』において、少年期の教育は、職業教育との関連は持ちながらも、基本的に普通教育を行なうべきであると考えている。つまり、諸教科における作業は、人間の本質を少年の中に全面的に発展させ、表現させることだけを目的としている。だから、フレーベルは、少年初期の教育は、普遍的、基礎的な教授を中心にして、職業に直結する教授だけを行なうのではないと強調しているが、それは、彼が、少年初期の教育は、人間としての教育の基礎になるものであると確信しているからである。このような性格を持つ少年初期の教育は、いわゆる「基礎づける教授」を行なうことになるが、その後の学校構想において、この「基礎づける教授」を基礎として、学問や職業に直結していく「継続する教授」が考察されている。

「ヘルバ・プラン」は、七歳から一四歳までのすべての子どもを対象とする基礎的統一学校の性格を有する国民教育施設の構想であった。また、「ヘルバ・プラン」で注目すべき点は、国民教育施設に、母親および三歳から七歳までの男女の子どもたちのための「保育と発達の施設」が付設されるべきことが主張されていることである。この「保育と発達の施設」は、当時の幼児学校や託児所とは異なる、就学前の保育と教育を目標とする幼児教育施設の構想と考えられよう。つまり、ヘルバの陶冶構想は、三歳から七歳の保育施設から出発し、七歳から一四歳までの国民教育施設があり、それに続いて、卒業後は、大学に接続するギムナジウムや職業教育のための施設などへの進学が考えられていた。

「ヘルバ・プラン」の陶冶構想は、時期的にはフレーベルのカイルハウの活動時期と密接な関係にあり、『人間の教育』の教科課程と重なり合う部分が多い。しかし、「ヘルバ・プラン」は、カイルハウにおける「基礎づける教授」の学校教育学よりも、人間の生産性の中心から構想し、表現する行為、産出をはっきり際立たせ、フレーベルのより広範な計画を暗示する。(71)

ハイラントは、フレーベルの影響は、幼稚園教育学と並んで、とりわけ『人間の教育』から発すると考える。(72)というのは、『人間の教育』における学校教育学は、陶冶計画や教授計画の理論に留まるものではあっても、球体哲学的に基礎づけられた人間学および教育哲学を開始しているからである。(73)そしてハイラントは、フレーベルが、ペスタロッチーにおける基礎陶冶による人間教育を一生追求し続けた点に特に注目する。ハイラントは、フレーベルの学校教育学の中心は、一方では、カイルハウでの教育学であり、他方では、ヘルバおよびブルクドルフでの国民教育施設の計画であると指摘する。(74)カイルハウの一般ドイツ学園は、フレーベルによるペスタロッチー教育学からの球体哲学の受容の成果を明示し、(75)とりわけ直観の三要素からの出発が見られる。また、ヘルバおよびブルクドルフでの国民教育施設の計画は、学校組織の構想および諸段階における学校全体の構想が見られ、幼稚園の前形式のようなものも提示されている。また、「ブルクドルフ・プラン」には、後の幼稚園教育に直結する遊戯や、家庭生活と学校生活を無理なく媒介する段階として、一八五二年に展開される「媒介学校」の考え方が見られる。

フレーベルの学校教育学は、体系的なものではなく、むしろ断片的なものに留まる。(76)その理由は、フレーベルにおける学校は、常に家庭生活の延長上にあり、ハイラントも指摘するように、学校の教授は自覚的な家庭教育とほぼ同義だからである。(77)つまり、「基礎づける教授」は、家庭と学校の結合という観点から展開されているからである。したがって、フレーベルにおける学校教育学の構想は、自覚的な家庭教育が段階的に展開したものとも考えられ、その意味において、彼の学校教育学は、その基礎の段階として幼稚園を生み出す素地を持っていたと考えることができよう。

ところで、フレーベルは、一八三六年に、論文「新しい年一八三六年は生命の革新を要求する」を発表した。(78)彼がこの論文で「生命の革新」「生命の若返り」といっているものは、人間に宿る神的なものへの自覚に基づき人間の使命としてそれを表現し実現することである。フレーベルは、その「生命の革新」と「生命の若返り」のためには何よりも純粋な家庭生活を実現しなければならないと考える。つまり、三位一体としての父と母と子が神的なものを実現するためには、純粋な家庭生活が基盤となる。愛情は神的なものの現われであり、子どもは、父親と母親の愛情によって、神的なものを表現するようになる。そして、「生命の革新」と「生命の若返り」の本拠は家庭であるから、この論文には家庭における子どもの教育が要求されているわけで、その観点から見ると、この論文は同時に幼児教育の重要性を表明する意図を持っていると考えることができる。

フレーベルが、一八三五年から一八三六年にかけてブルクドルフの孤児院長をしていた際、彼が幼児教育の重要性に着目した経緯について、バーロップの報告に基づいて、ランゲは次のように解説している。「フレーベルは夫人とともにブルクドルフへ行き、後に政府によって孤児院長に任命された。彼は同時にいわゆる教師のための復習講座をも指導しなければならなかった。つまりあの州では次のようなすばらしい制度があった。教師は二年ごとに三カ月の休暇がとれたのであった。この休暇中、彼らはブルクドルフに集まり、相互に経験を伝達し合い、補習に励んだ。討議と共同研究はフレーベルが指導することになっていた。彼自身の体験と教師たちの報告は、家庭教育の改革が顧みられずまた導入されえない以上、学校教育は正しい不可欠な基礎を持ちえないという確信に、改めて彼を導いた。有能な保母を養成することの必要性が彼の心の前面に出てきて、早期教育の重要性は以前にもまして大きいと彼には思われた。止むを得ない幾多の事情によってその完全な実現を邪魔されてきた彼の教育思想を、少なくとも幼児指導の上で各方面にむかって応用し、婦人たちをこの理念とその実現のために誘おうと彼は決意した。」(79)

こうして、フレーベルは、家庭教育を充実するという改革のために、幼児教育の重要性を認識し、有能な保母の養成を意図する幼稚園の構想を持ち、その実現へ向けて歩んでいくことになったのである。なお、フレーベルが、就学前教育、すなわち幼児教育を重視するようになった契機は、ブルクドルフの孤児院長の経験にあるという説もあるが、すでに第一部でも触れているように、遊具の考案が幼児教育への傾注に関連しているという説が有力になっている。(80)

注（第二部第二章）

（1）Vgl.H.Heiland, Friedrich Fröbel in Selbstzeugnissen und Bilddokumenten, Rowohlt Taschenbuch Verlag GmbH, Reinbek bei Hamburg, 1982, S.72.
小笠原道雄『フレーベルとその時代』玉川大学出版部、一九九四年、二〇六頁、参照。

（2）F.Fröbel's gesammelte pädagogische Schriften, Hrsg.v.W.Lange, Abt.1,Bd.1, 1862, 1966, S.402. 小原國芳・荘司雅子監修『フレーベル全集』第三巻（教育論文集）玉川大学出版部、一九七七年、七一頁。

（3）ibid., S.403. 同訳書、七一頁。

（4）Vgl.ibid., S.403.

（5）ibid., S.403.

（6）Vgl.ibid., S.404.

（7）Vgl.ibid., S.404.

（8）Vgl.ibid., S.405.

（9）岩崎次男『フレーベル教育学の研究』玉川大学出版部、一九九九年、一五六頁。

（10）F.Fröbel's gesammelte pädagogische Schriften, Abt.1,Bd.1,a.a.O.,S.408.

（11）ibid., S.25. 小原國芳・荘司雅子監修『フレーベル全集』第一巻（教育の弁明）玉川大学出版部、一九七七年、四八—四九頁。

(12) Vgl.H.Heiland, Friedrich Fröbel in Selbstzeugnissen und Bilddokumenten, a.a.O.,S.85.
(13) 前掲、『フレーベルとその時代』、二一八頁、参照。
(14) Vgl.H.Heiland, Friedrich Fröbel in Selbstzeugnissen und Bilddokumenten, a.a.O.,S.86.
前掲、小笠原道雄『フレーベルとその時代』、二一九頁、参照。
(15) 前掲、小笠原道雄『フレーベルとその時代』、二一九頁、参照。
(16) Vgl.H.Heiland, Friedrich Fröbel in Selbstzeugnissen und Bilddokumenten, a.a.O.,S.86-87.
(17) 前掲、小笠原道雄『フレーベルとその時代』、二二一頁、参照。
(18) Vgl.H.Heiland, Friedrich Fröbel in Selbstzeugnissen und Bilddokumenten, a.a.O.,S.87-89.
(19) 前掲、小笠原道雄『フレーベルとその時代』、二二二頁、参照。
(20) Vgl.H.Heiland, Friedrich Fröbel in Selbstzeugnissen und Bilddokumenten, a.a.O.,S.89.
前掲、小笠原道雄『フレーベルとその時代』、二二三頁、参照。
(21) F.Fröbel's gesammelte pädagogische Schriften, Abt.1,Bd.1,a.a.O.,S.479-520.
(22) H.Heiland.Die Schulpädagogik Friedrich Fröbels, Georg Olms Verlag AG, Hildesheim 1993, S.139.
(23) F.Fröbel's gesammelte pädagogische Schriften, Abt.1,Bd.1,a.a.O.,S.479.
(24) H.Heiland, Die Schulpädagogik Friedrich Fröbels, a.a.O., S.139.
(25) ibid., S.139.
(26) F.Fröbel's gesammelte pädagogische Schriften, Abt.1,Bd.1,a.a.O.,S.479.
(27) Vgl.ibid., S.479. 前掲訳書『フレーベル全集』第三巻、一九八―一九九頁、参照。
(28) ibid., S.479. 同訳書、一九九頁。

(29) ibid., S.480. 同訳書、一九九頁。
(30) ibid., S.480. 同訳書、一九九頁。
(31) ibid., S.480. 同訳書、二〇〇頁。
(32) ibid., S.481. 同訳書、二〇二頁。
(33) ibid., S.482.
(34) ibid., S.482. 前掲訳書『フレーベル全集』第三巻、二〇三頁。
(35) Vgl.ibid., S.483. 同訳書、二〇四頁、参照。
(36) ibid., S.483. 同訳書、二〇四―二〇五頁。
(37) Vgl.ibid., S.483.
(38) ibid., S.484. 前掲訳書『フレーベル全集』第三巻、二〇六頁。
(39) Vgl.ibid., S.484.
(40) ibid., S.484. 前掲訳書『フレーベル全集』第三巻、二〇七頁。
(41) ibid., S.485.
(42) Vgl.ibid., S.485.
(43) Vgl.ibid., S.485–486.
(44) ibid., S.486.
(45) Vgl.ibid., S.486.
(46) Vgl.ibid., S.487.
(47) Vgl.ibid., S.487.

(48) Vgl.ibid., S.487.
(49) Vgl.ibid., S.488.
(50) Vgl.ibid., S.489.
(51) ibid., S.490.
(52) ibid., S.491. 前掲訳書『フレーベル全集』第三巻、二一七頁。
(53) ibid., S.492. 同訳書、二一九頁。
(54) Vgl.ibid., S.492-498.
(55) ibid., S.493. 前掲訳書『フレーベル全集』第三巻、二二〇頁。
(56) ibid., S.497.
(57) Vgl.ibid., S.498.
(58) ibid., S.499.
(59) ibid., S.499.
(60) Vgl.ibid., S.500-506.
(61) ibid., S.501.
(62) ibid., S.501.
(63) ibid., S.501.
(64) ibid., S.501.
(65) ibid., S.502.
(66) ibid., S.504. 前掲訳書『フレーベル全集』第三巻、二三七頁。

（67）Vgl.ibid., S.508. 同訳書、二四四頁、参照。

（68）Vgl.ibid., S.506-507.

（69）Vgl.ibid., S.507.

（70）ibid., S.507.

（71）Vgl.H.Heiland, Die Schulpädagogik Friedrich Fröbels, a.a.O.,S.110-111

（72）Vgl.ibid., S.82.

（73）Vgl.ibid., S.83.

（74）Vgl.ibid., S.152.

（75）Vgl.ibid., S.152-153.

（76）Vgl.ibid., S.154.

（77）Vgl.ibid., S.152.

（78）Vgl.F.Fröbel's gesammelte pädagogische Schriften, Hrsg.v.W.Lange,Abt.1,Bd.2, 1863, 1966, S.499-561. 前掲訳書『フレーベル全集』第三巻、五二一―六三〇頁、参照。
この論文は、手稿で最も親しい協力者にだけ回し読みされた著作で、一八六二年から六三年にかけてのランゲ版によってようやく一般に読むことができるようになったといわれる。（前掲、小笠原道雄『フレーベルとその時代』、二五五頁、参照。）

（79）F.Fröbel's gesammelte pädagogische Schriften, Abt.1,Bd.1,a.a.O.,S.12. 前掲訳書『フレーベル全集』第一巻、三一―三二頁。

（80）Vgl.J.Prüfer, Die pädagogischen Bestrebungen Friedrich Fröbels in den Jahren 1836-1842, A.Hofmann & Comp.,

Berlin, 1909.

Vgl. H.Heiland, Friedrich Fröbel in Selbstzeugnissen und Bilddokumenten, a.a.O.,S.94-111. H・ハイラント、小笠原道雄・藤川信夫訳『フレーベル入門』玉川大学出版部、一九九一年、一五七―一八一頁、参照。

前掲、岩崎次男『フレーベル教育学の研究』、二八七―二八九頁、六五一頁、参照。

前掲、小笠原道雄『フレーベルとその時代』、二八〇―二八三頁、参照。

第三章　幼稚園の構想

一　遊具の開発と幼稚園の創設

(一) 遊具の発想

一八三六年五月二四日、フレーベルは、新たな計画を抱きながらブルクドルフを去り、カイルハウへ帰った。そして彼は、翌一八三七年一月一六日、バート・ブランケンブルクに移住した。バート・ブランケンブルク移住後の、一八三七年三月に、フレーベルは「自動教授施設」を設立したが、この施設は、一八三七年八月以降、「幼児期と青少年期の作業衝動を育むための施設」と称された。この施設で、フレーベルは、指物師親方ハインリッヒ・レーンなどの協力を得ながら、遊具を開発する。(1) 要するに、「幼児期と青少年期の作業衝動を育むための施設」は、遊具の考案と普及のための施設であった。

フレーベルにとって遊具の発想は、幼児教育の重要性を認識した、ブルクドルフの孤児院長時代に見られる。ハイラントによれば、「ブルクドルフで遊んでいる孤児を観察しながら、フレーベルは、小さな棒と木材でできたさまざまの形についての思索を体系化し始めている。(2)」このことは、フレーベルの幼稚園の構想と遊具は、不可分の関係にあることを意味しているといえよう。ハイラントは、「フレーベルは、一八三六年夏に、「第一恩物」、すなわちボール（六色の羊毛の小さな球）を提案していた。この「遊戯ないし作業手段」について、彼は、彼の人生が終わるまで考察し、その連関を基礎づけようと試みた」と述べている。フレーベルの幼稚園の構想は、園芸、遊具を用いた作業、そして運動遊戯からなる。[4] 彼は、遊具を四つのグループに区分している。第一グループは「立体的恩物」、第二グループは「平面的遊戯手段」、第三グループは「線状遊具」、第四グループは「点状遊具」である。[5]

(二) 恩　物

フレーベルの遊具は、「恩物（Spielgabe または Gabe）」といわれる。

第一恩物は、青・緑・黄・橙・赤・紫の六色の毛糸を巻いてできた直径四〇ミリの六個のボールである。この六色は、ゲーテからの影響であるとの説がある。[6]

フレーベルは、球形が、地上のないし自然の形態や形式の原形として、それらの統一として現われると考えている。[7] 彼にとって、球形は万物の原形であり、完全な形である。この考え方は、フレーベルの球体法則に基づいている。したがってフレーベルによれば、「ボール（Ball）はいわば万物の肖像（ein Bild vom All）であり万物の似姿である。[8]」だからボールは、幼児期の最初の最も重要な遊具である。

ボールが遊具として持つ深い意義は、子どもが自分自身を一つの全体と感じると同時に、常に一つの全体を認め、把握し、自分のものにせざるをえないことである。「子どもはボールのなかに、ひとつひとつの全体と自分自身とを見ることができる。[9]」ボール遊びによる子どもの生命と活動との表現は、自己の単一性と統一性そのものを認識し、あらゆる事物の調和を認識するための基礎および方法として、子どもの発達を育むにあたって特に顧慮され、しっかりと心にとめられなければならない。ボールは、子どもが自分自身の内に持っている統一性と多様性とを周囲の外界において発展させることを生み出す。ボールは母と子、両親と子どもとの間を媒介するものであり、また子どもと、子どもに最も近い周囲の事物との間、をも媒介する。

第二恩物は、直径四〇ミリの球と直径・高さ四〇ミリの円柱、それと一辺四〇ミリの立方体の三つが一組になっていて、いずれも木製である。一時期、この三つに円錐が加えられていた。フレーベルによれば、球と立方体は対立する形であって、この二つの形にそれを媒介する形である円柱を加えて、第二恩物とする。

この第二恩物を母や保育者が思慮深く使用することによって、子どもに予感が生じる。つまり、第二恩物によって、子どもは、永遠の法則つまり球体法則を予感するようにならなければならない。そこで、両親や保育者の役割が重要となる。

第三恩物は、各辺二五ミリの立方体八個からなる立方体である。この第三恩物によって、子どもは、純粋に実物直観として全体と部分とを区別する。というのは、各々の部分立方体は、主立方体の一部であるからである。また、子どもは実物直観として、外的なものと内的なものとを区別する。それどころか、子どもは、内的なものを外的に、そして外的なものを内的にすることができる。外界の認識と理解は、特殊なものの中に一般的なものを、個々のものの中に統一を、多種多様なものの中に単一で統一的なものを、認識させたり理解させたり表現させたりすることによってなされる。これとは逆に、内界の覚醒と発展は、一般的なものを特殊なものとして、統一的なものをある個別的なものとして、内的なものをある外的なものとして、感じられたもの、考えられたものを一個の形あるものとして、単数性をある多数性として、単一なものを一つの多様なものとして、このように見えないものを見えるものにおいて知覚し直観しうるようにすることによってなされる。つまり一見意義のないように見える八個の立方体は、子どもに全体と部分の関係を認識させ、究極的には神の真の認識という高い要求に応える。

第四恩物は、第三恩物と同じ大きさの立方体を、縦に一度、上下に三度切って作られた一二・五ミリ、二五ミリ、五〇ミリの三辺を持つ八個の直方体である。

第四恩物、すなわち直方体積木は、第三恩物の形と比較して、より多くの面や長さの拡がりを示しているが、すべての形は若干の正方形を除いては、長方形に限られているという特性を持っている。したがって正方形と長方形との形の大きさの関係が特にここで理解される。そのほかこの遊びには、なお二つの新しい、すなわち均衡と自己増殖的な運動という現象が現われてくる。

第五恩物は、二七個の立方体で、その内三個を二分の一の大三角柱、三個を四分の一の小三角柱にしてある。「ここでなお、わたしは、ある形から他の形への連続的な変化を強調したい。それは、単純なものから複雑なものへ進み、そして複雑なものから再び単純なものへもどる変化であり、その教育的重要性のゆえにとくにそれを強調したい。」(10)

第三恩物から第八恩物までは、基本的に第二恩物の立方体の分割からつくられる積木で構成される。第一恩物から第八恩物までは「遊びの恩物（Spielgabe）」と称される(11)。

フレーベルは、遊具の系列について次のように述べている。「ボールはその多様な応用において、子どもの遊具の第一系列をつくります。球・立方体・円柱および円錐形は、いっしょになって遊具の第二系列をつくります。第三、第五、および第七恩物は、立方体型およびそのなかで生ずる遊びの形式の系列、すなわち子どもの遊具の第三系列をつくります。第四、第六および第八恩物は、れんが型の系列、もしくは子どもの遊具の第四系列をつくります」(12)と。この第一系列から第四系列とは別に、発達段階に対応して、恩物は、第一恩物から第十恩物まで考えられていて、子どもに遊びを通して働きかける乳幼児期の第一系列（第一〜第六恩物）と、援助を受けずに自己学習する少年期の第二系列（第七～第十恩物）がある。[13]

この他、フレーベルが編集した子どもの活動衝動に表現傾向を与える素材と遊びとして、「作業具」がある。『母の歌と愛撫の歌』で紹介された手や指の遊びやリトミック、造園活動などの「身体」による表現で始まり、粘土・豆と棒・板やボール紙の造形などの「立体」による表現、折り紙・織り紙・切り紙・貼り紙などの「面」による表現、組み板・組み紙・網置き・紐置き・針金造形・線描などの「線」による表現、刺し紙・縫い紙などの「点」による表現で終る。身体→立体→面→線→点という系列性を持つ。[14]

(三) 幼稚園の創設

フレーベルは、一八三九年六月、保育者養成施設として、「幼児教育指導者講習科」を設立した。そこの講習生のために、フレーベルはバート・ブランケンブルクの六歳以下の幼児を集めて実習を行なった。彼は、この保育施設を、「遊びと作業の施設」と名づけた。

一八四〇年のある春の日、フレーベルはカイルハウから山路を越えバート・ブランケンブルクへ向かっていた。すると突然、彼は魅入られたように立ち止まり、今度の施設の名は「キンダーガルテン」としよう、と大声で叫んだ。[15]こうして、その年の五月一日から彼は、「遊びと作業の施設」を「キンダーガルテン」と呼んだ。

一八四〇年六月二八日、グーテンベルクの活版術発明四〇〇周年記念日に、バート・ブランケンブルクの三施設から成り立つ幼児教育のための一大総合施設を「一般ドイツ幼稚園」と称し、これを「ドイツの婦人たちおよび女子青年たちによる教育事業実施のための組合」の株式事業として経営することを決意し、その創立式を挙行した。[16]

フレーベルによれば、幼稚園は、その名称が示すように、そこに子どもたちの庭を必要とする。彼は次のようにいう。「幼稚園（Kindergarten）」という言葉は、もしわれわれがその言葉を支えている語に注意をはらうならば、自らその方法（Wie）と手段（Wodurch）をわれわれに語ってくれる。すなわち、それは「子どもたちの庭において」（im Garten der Kinder）である。したがって幼稚園、幼稚園の完全な理念、もしくは明瞭に表現された幼稚園の思想は、必然的に一つの庭を要求し、さらにこの庭のなかに、子どもたちのためのもろもろの庭を要求する」[17]と。

こうして、幼稚園は庭を設けることを必要とする。そこでは、子どもたちの庭やそれぞれの小花壇は、ちょうど特殊的なものがつねに一般的なものにおいて保護されて安住し、一般的なものが特殊的なものを保護しながら取り囲むように、共同の庭によって取り囲まれなければならない[18]。

二　幼稚園の目的

(一)　保育者の養成

第一に、幼稚園は、保育者、幼児教育の指導者を養成する意図を持つ施設である。

フレーベルは、保育はまず女性の仕事であるとして、次のように述べている。「女性の外的な職業上の仕事、市民的・社会的義務と子どもの本質の諸要求との間の媒介の実現を通じてのみ、女性の生活、すなわち婦人および母親の生活と幼児との根源的な合一が再び獲得され得る。すなわち、すべての階級のために、またすべての境遇の諸要求にしたがって、幼児期の女性保育者（Kindheitpflegerinnen）、すなわち保母（Kinderwärterinnen）、子守り（Kindermädchen）、女性の児童指導者（Kinderführerinnen）および教育者（Erzieherinnen）が養成され、また若干年齢の進んだ子どもたちのためには、男性の保育者、児童指導者および教育者が養成されることによってのみ、この根源的な合一が再び獲得され得るのである[19]」と。フレーベルは、母親と幼児との根源的な合一、すなわち「生の合一（Lebenseinigung）」を実現するための媒介になるものとして、保育者の役割を重視している。保育は、まず第一に女性の仕事であるが、ある程度の年齢になった幼児に男性の保育者が必要であるとフレーベルが考えている点は注目される。子どもの生命衝動および活動衝動の真の保育が母親たちによって子どもたちに与えられることはしばしば困難であるし、多くの場合不可能である。そこで、特に女性らしい保育者を養成することによって、「子どもたちの生命のこの世話と保育の実現のために、いまやここで母親たちに援助の手がさしのべられるべきである[20]。」

それゆえフレーベルは、「一八四〇年の幼稚園創設計画」において、ドイツの婦人たちや娘たちに対して、ドイツ幼稚園の共同の設立と実施に参加するよう要請している。「われわれはドイツ的精神をもって、彼女たちがドイツ幼稚園の共同の設立と実施に参加するよう要請する。神の保護と経験豊かで洞察のすぐれた園丁の配慮とのもとにある庭においては、植物が自然と調和して育てられるように、このドイツ幼稚園では、人間というもっとも高貴な植物、すなわち人類の萌芽でありまた一員である子どもたちが、自己、神および自然と一致して教育されるはずであり、またそのような教育のための道が一般的に示され開かれるはずである。こうして、この施設を通じて、この施設の本来の目的であるもの、およびその促進がかくも緊急に必要とされているもの――幼児期の最初の保育および教育のためにいわば男女の園丁を養成すること――が達成され得るしまた達成されるであろう[21]。」つまり幼稚園の庭では、植物と見なされる子どもたちが、自己、神および自然と一致して教育され、またこの施設を通してその目的である男女の園丁、すなわち男女の保育者を養成することが達成される。

この施設は、社会における悪い作用から子どもを庇護する目的を有する。「この事業の目的は、あらゆる不確かなものや変りやすいもの、かくて破壊的で有害な作用を及ぼすものを、少なくとも最初のかつ早期の幼児期の保育から遠ざけること、そして幼児期の保育を自然において、ならびに人類の歴史および啓示においてあらわれている永遠の諸法則にしたがって基礎づけるとともに、純粋な思考の諸要求にしたがって基礎づけることである。[22]」すなわち、幼稚園では、子どもにとって有害な作用を排除し、子どもを永遠の法則、すなわち球体法則に従って保育し、子どもに宿っている神的なものを表現させるための援助をするのである。「こうしてこの事業の偉大な意図、全体の究極目的、全体目的は次のようなものである。すなわち、人間を早くから行為・感情および思考を通じて、彼の本質と彼の境遇に十分に即して人間との合一、自然との合一にまで、かくて神との真の合一にまで、こうして一般的には全面的な生命合一にまで教育することである。しかも子どもの生命、子どもの活動の真の保育を通じて、すなわち、子どもの純粋な本性の発達と形成、陶冶と顕現を通じて教育することである。[23]」

このように、幼稚園での教育は、「生の合一」を目標としている。フレーベルは、「生の合一」概念を彼のスイス滞在の期間中に初めて用いている。[24]「生の合一」概念は、スイス時代の書簡の中に初めて現われ、そして論文「新しい年一八三六年は生命の革新を要求する」において使用され、さらには遊戯の教育学的論文や後の小冊子の中で中心概念として使用され、以後この概念は頻繁に用いられることになる。[25]「生の合一」概念は、具体的には、ゲッチンゲン時代の球体法則に現われている。[26]「生の合一」概念は、「球体法則」と不可分の関係にあり、球体法則の延長線上において発展したものであることは間違いない。

ランゲは、「生の合一、この言葉をフリードリヒ・フレーベルは常に口にしていた。彼の教育法を「全面的な生の合一のための発展的教育的な人間形成」と呼ぶのもまれではなかった[27]」と述べ、フレーベル教育学の根本概念が

「生の合一」にあることを示唆している。「生の合一」は、「神との合一」、「世界との合一」、「自己との合一」という三つの合一を意味している。(28) すなわち、三つの合一とは次のことである。子どもが一切の行動において、最も純粋な動機や法則を意識して、自らの意志の方向が、善のみを欲しうる神の意志と一致することを感じ取るように、教育は子どもを導かなければならない。つまり第一に、教育は子どもを「神との合一」へと導いていかなければならない。第二に、子どもが人類の一員であり、人類の無私の奉仕の中でのみ自分の本質を真に発展させうることを、教育は子どもの心の底まで吹き込まなければならない。つまり教育は、子どもが「世界との合一」へと進む原動力を与えなければならない。第三に、子どもが心身の二元論の対立を解決しようと努力し、「四肢の法則」が「心情の法則」と一致するように、導かなければならない。すなわち、子どもに「自己との合一」へのきっかけを作ってやらなければならない。

フレーベルが「生の合一」概念を使い始めたスイス滞在時代、彼は幼児教育の重要性に注目し、やがて遊具の開発と幼稚園の創設へと動いた。したがって「生の合一」は、幼児教育、幼稚園での教育と密接に関係していると考えることができる。フレーベル教育学は、神と人間の相互関係の上に成り立つが、とりわけ人間を「神との合一」へと導くことを目指す。幼児教育の実践を志向する時期に「生の合一」を使い始めたことは、「生の合一」が幼稚園での教育を中心とする、教育の究極的な目標を示唆するものとして出現したと推察される。つまり、「生の合一」は、球体法則を基盤とする人間教育、とりわけ幼児教育の目標を指し示す概念として使用されるようになったと考えてよいだろう。

(二)　創造的な活動衝動の育成

第二に、幼稚園は、子どもが自由な自己活動を通して創造的な活動衝動を育む場である。その場合、幼稚園での教育は、家庭の中で子どもの活動衝動を育むことに結びついている。

フレーベルによれば、「すべての真実の人間教育、真実の人間陶冶、したがってわれわれのこの努力もまた、いまや家庭のなかで子どもの活動衝動を静かにはぐくむことに結びついており、この活動衝動を満足するように子どもを思慮深く発達させることに結びつくものであり、この形成衝動に忠実に活動するような能力を子どもにあたえることに結びついているものである。(29)」

フレーベルは、こうした自分たちの努力は、次のような大きな生活目的を持っているとする。「すなわち、人間がこの世に誕生した時から完全な人間として、つまりそれ自身一つの全体として、また生命全体と調和し一致しながら、しかも自由に自己活動的に自己を発展させ教育すること、そうして自己を教え教授することができるようにすることである。したがって人間が宇宙の確固とした部分的全体として自己を認識し、そしてこのようなものとして自由に自己活動的に自己を表現し、自ら生活することができるようにすることである。(30)」つまりフレーベルの教育活動の目的は、人間が生命全体と合一し、部分的全体としての自己を自覚し、自由に自己活動的に自己を表現し、自ら生活していけるようにすることである。

フレーベルは、論文「時代の努力と要求とに関連するフリードリヒ・フレーベルの教育の根本原理、教育の手段と方法ならびに教育の目的と目標」において、「かくて、時代の教育的努力を特色づける第一の要求は、人間を、個々人においても、全民族においても、あるいは全人類においてもと言ってもよいが、自己にもどすこと、自己自身へ還らせることである。すなわち、人間を自己理解と自己意識へ、また自己創造と自己活動へかりたてることである(31)」と述べている。つまり、フレーベルにおける教育の根本原理は、人間を自己創造と自己活動へ駆り立てることであるといえよう。この自己活動へ駆り立てる根拠は、活動衝動、生命衝動、作業衝動、形成衝動などの諸衝動である。それゆえ、これら諸衝動を育むことが、教育の重要な目的となるのである。

それゆえフレーベルは、幼稚園の目的に関連して、「このように人間の本質および人間の形成衝動や活動衝動に基礎をおき、またこれらの衝動をはぐくむことに結びついているこの学園は、まさに一つの生きた全体であること、それ自身いわば一本の樹木のようなものになることを目ざしている。だからそれはまた人間と自然との関係、人間と生活との関係に基礎をもつ作業遊具、したがって陶冶の手段および教授の手段を供給することを目的としている(32)」と述べている。前述したように、子どもの創造的な活動衝動を育むために、その対象として遊具が開発されたのである。

フレーベルは、子どもの活動衝動や生命衝動を保育する思想に基づく幼稚園の事業は、社会に幸福をもたらすと考えている。「子どもの活動衝動および生命衝動の適切な顧慮と保育と養育によって子どもの人間的な教育を促進するという思想の存在だけですでに、この思想だけでもすでに――人はその重要性に気づかないのですが――光と熱のように家族の安寧と市民の幸福に有益な作用を及ぼしています(33)。」つまりフレーベルは、子どもの活動衝動や生命衝動を育成することが、家庭や社会の幸福に結びつくという信念を持ち、幼稚園の事業を推進しているのである。

したがって、この事業全体を秩序づけるものは、この事業全体の根底にある理念であり、その全体を基礎づけているすべての生命の統一の思想であり、したがって直接に行為として、人間の生活、純粋な感情および明瞭な思考に示される確信である。フレーベルはいう。「この確信は、すべての生命の統一や根拠は神であるという確信である。あるいは人間に最も親しみ深い方法で言えば、神は人間たちの父であり、したがって人間たちは、神の子であるように、神の子として生きるように努力すべきである、という確信である。とりわけわれわれは、人間、すなわち子どもを、彼の生命衝動、彼の造形的ならびに創造的な活動衝動の保育から出発して、全面的に発達するよう教育し、その結果人間の心情における、自然と合一する生命および人間と合一する生命の予感、一般にかつ万物において神と合一する生命の予感が、信仰にまで、かくて省察にまで高められ、そして感情や行為において示されるように努力すべきである。だからわたしたちの子どもらに生きようではないか！[34]」

(三)　家庭生活への援助

第三に、幼稚園は、充実した家庭生活が営めるように世のあらゆる両親と子どもを援助する施設である。

フレーベルは、「家族ないし家族生活のなかにはまた本源的・根本的な愛のあらわれ、すなわち親の愛、子の愛、家族の愛がある。じっさい、家族は人格化された愛そのものである[35]」と述べている。まさに子どもの創造的な活動を育て、それに能力を与え発展させることにおいて、父の愛、母の愛、家族の愛が、その本質において現われる。この衝動を育むことは、兄弟姉妹相互の愛を目覚まし強めるものである。「創造的な活動衝動をこのようにはぐくむことは、したがって真の両親の愛、子どもの愛、純粋の家族の愛の総合的表現である[36]。」

フレーベルは、ドイツ幼稚園の事業にとって、家庭生活を充実したものに育むことが何より大切だと考え、一八四〇年六月二八日に、とりわけドイツの婦人と娘たちに対して、次のように述べている。「わたしは皆さま方が、皆さま方の御家族ならびにすべての家庭生活、市民的・社交的な生活全体の名においてこの事業に御参加下さるよう衷心から暖かくおすすめいたします。家庭生活をはぐくむ場合をおいて、いったいどこにより高い、より純粋な、より永続的な喜びがあるでありましょうか。そして家庭生活は、子どもの最も初期の生活や行動を注意深くはぐくむことをおいて、他のどこにより多くかつより深く基礎づけられるでありましょうか[37]」と。フレーベルにおける幼稚園の構想は、明らかに家庭生活の充実・向上と関連がある。彼は、同じ日に、「信じ信頼してください。そうすればドイツの子どもの生活や家庭生活もまたやがて神の園のように緑になり、花咲き、全民族のしあわせのために、人類の救いのために実を結ぶでありましょう。真の発展的な幼児保育の思想がドイツ的生活の眼界に一般的に浮かび上りさえするならばです[38]」と述べている。

フレーベルは、一八四〇年六月二八日、ドイツ幼稚園の創立の日に、この幼稚園は、幼児のためだけではなく、国民の幸せのための施設であり、さらに人類救済のための施設であることを表明している。「それゆえわたしたちの学園もまた、幼児の幸福のための、わが国民のしあわせのための、人類の救済のための施設でなくてはなりません。なぜならば、この学園は神の生命と活動に一致して、また神の人類教育と一致して、そしてあらゆる存在や事物における聖なる高き神の精神の創造と活動と導きとに一致して企てられるものであるからです。[39]」つまりフレーベルは、この施設を、キリスト教の究極的な目標を地上の幼な子において実現しようとするものと位置づけているように思われる。そしてフレーベルは、「一八四〇年の幼稚園創設計画ならびに一八四三年の弁明書」において、ドイツ幼稚園の重要な意図について、次のように述べている。「ドイツ幼稚園は、就学前の子どもたちの適切な保育に対する切実な要求から、一八四〇年のグーテンベルク記念祭の日に、すなわち一般的な啓蒙に注意を向けさせた日に、ドイツ人の共同の教育事業として設立された。それは、全体として現在あるごとき、また現在の状況のもとであり得るごとき、家庭での就学前児童の個別教育は、もはや現代の諸要求にとって十分ではないという確信にもとづいている。したがってこの幼稚園の意図は、家庭および社会全体にそのために必要な援助の手をさしのべることを目的としている。[40]」すなわち、フレーベルは、就学前教育は、もはや家庭では十分にできない、との認識に立ち、ドイツ幼稚園を、ドイツ人を啓蒙する意図を有しながら、ドイツ人の共同の教育事業として設立したことを明示している。つまりドイツ幼稚園は、子どもが遊戯や日常生活を通して、保育者に見守られながら、あるいは母や父や友と遊びながら、活動衝動・生命衝動を育み、幸せに成長していくための、教育的な援助をする場であり、したがって家庭教育を充実させるための援助を社会全体に亘って実現しようとする場である。

フレーベルは、「女性保育者ならびに女性教育者のための養成学校案」において、「「幼稚園」は、満足した個人生活、喜びにみちた国民生活、自由な国家生活および和合した人類生活の唯一の真の源泉である「家庭生活」、すべての身分および境遇の真の「家庭生活」を、一般的に向上させ純化させるための、明瞭に遂行し美しく表現するための最も確実な手段、最も正しい方策、最も単純な方法である(41)」と述べ、幼稚園は家庭生活を向上させ純化させるための方途であることを言明している。ボルノーも指摘しているように、「フレーベルにとっては、家庭こそ教育の真の本拠である(42)。」

フレーベルにとって、幼稚園は、家庭生活を充実させるために創設したといっても過言ではない。それゆえフレーベルは、家庭における母と子の自己活動を促進するために、家庭教育の指標となる書を著わした。その書が、『母の歌と愛撫の歌』である。この書には、詩・唱歌・遊戯・絵および解説が書かれてあり、母と子が共に遊ぶための方法が美しく説かれている。

フレーベルは、「「リナが読み方を覚えた」やり方に示されている発達に即して教育する人間陶冶の精神」において、『母の歌と愛撫の歌』に関して、次のように述べている。「すなわち、この書は、じっさい、単に――人間陶冶の現代の段階によって必然的に要求されている――真に子どもおよび人間を発達に即して教育する意識的な陶冶の真の出発点＝根源点を示しているだけではなくて、また単にこの人間陶冶の手段ないし過程と方法、目的と目標を示しているだけではなくて、さらにまた実際に、幼児期をはぐくむそのような家庭生活の最も重要な瞬間瞬間をも例示している、ということである。[43]」つまり、この書は家庭教育の理想的な姿を明示しうるものである。

フレーベルは、『母の歌と愛撫の歌』の中の「お菓子づくり」という遊びの解説の部分で次のように述べている。「ひとつひとつのものが統一したものとして発達し、どこから見ても調和のとれた、美しく整った、そして、予感にみちた子どもらしさと、しっかりした自覚の上にたつ母性とに高められていかなければならないのです。――そしてこれこそが、高貴な、力強い、徳の高い、そしてすばらしいことをすることのできる人間の性格をつくる基礎になるものなのです[44]」と。母親と子どもの生活の中で非常に著しく生き生きと無邪気に現われる人間の精神は、いつまでも不完全なままで、ばらばらのままに留まってはいけなく、一つの全体として考えなければならない。こうした人間の精神は、万物に神的なものが宿っていてそれを表現することが人間の使命であるという予感に満ちた子どもらしさ、堅固な自覚に基づいた母性に高められてこそ、人間の崇高な性格を形成する基礎となるのである。またフレーベルは、「なつかしいおばあさんとお母さん」という歌の解説の中で、「家庭は人類の聖なる場所であり、神性を育てあげる最も神聖なところです[45]」と述べている。

こうして、フレーベルの球体法則に基づき、「生の合一」という教育の究極的な目標に導かれた、幼稚園および『母の歌と愛撫の歌』は、人間の神性を育み表出させる場としての家庭生活を純化し向上させるために、世のあらゆる母親と父親と子どもを援助することを目標として構想されたものであることがわかる。

(四)　幼稚園の意義

フレーベルは、カイルハウ学園での教育実践および『人間の教育』において、すでに幼児期の教育の重要性を認識している。その後、「ヘルバ・プラン」に幼児教育施設の構想が見られる。しかし、フレーベルが、幼稚園の構想を抱くに至った重要な契機は、ブルクドルフの孤児院長の経験と遊具の開発を通してである。フレーベルは、家庭教育を充実するための改革を、有能な保育者の養成と幼児教育方法論の確立に結びつける発想を持ち、バート・ブランケンブルクで、遊具の開発に着手する。フレーベルの恩物は、球体法則に基づき、一定の法則性のもとで系統的に配列されている特徴を有する。

フレーベルは、彼の幼児教育の構想を統合する形で、「一般ドイツ幼稚園」を創設した。この施設は、第一に、保育者、幼児教育の指導者を養成する意図を持つ施設であること、第二に、子どもが自由な自己活動を通して創造的な活動衝動を育む場であること、第三に、充実した家庭生活が営めるように世のあらゆる両親と子どもを援助する施設であること、という特徴を有する。総合施設である幼稚園は、この他にも雑誌の発行による両親への援助などを含んでいた。フレーベルは、「ドイツ幼稚園に関する報告および弁明」において、「こうして児童保育のための模範施設、男女の児童指導者のための実習施設、適当な遊びと遊び方の普及に努力する施設、最後に、かかる精神で活動しているすべての親たち・母親たち・教育者たち、またとくに形成されつつあるもろもろの幼稚園が、その施設によって発行される雑誌を通じてそれと生き生きした関連をもち得る施設、これがドイツ幼稚園であるべきである」と述べている。(46)

フレーベルの幼稚園の構想の根拠には、常に、家庭こそ教育の真の本拠であるとの思想がある。端的にいって、フレーベルは、家庭教育を充実する目的で、幼稚園を設立したのである。したがって幼稚園の目的は、家庭における母親の役割と不可分の関係にある。フレーベルは、幼稚園の構想の根底に、母性への信頼と期待を強く持ち、素朴な母性が自覚的な母性へと高められなければならないと考えていた。つまり幼稚園の目的は、真の母性を育成することに深く結びついている。フレーベルの幼稚園の普及に尽力したマーレンホルツ＝ビューローは、フレーベルに対して、「母性愛はすべての人間の愛のうちで、最も強いもので、そしてあなたの教育事業の勝利を約束するものです(47)」と述べている。つまり、フレーベルは、母性に対する信頼に基づき、真の母性を育成することを幼稚園の究極的な目的として構想していたと考えられる。したがって、母性の育成による家庭教育の充実という目標を、国民的規模での社会事業の一環に位置づけ、組織的に遂行した点に、フレーベルの幼稚園の独自の意義が認められる。そして時代状況から見ると、幼稚園は、女性の保育者・教育者の養成を重視していることから、女性の職業的自立と地位向上を目指し、女性解放の役割も担っていたと考えられる。

こうしてフレーベルの幼稚園の構想は、当時の幼児教育施設に対する批判的な要素を含みながら、家庭教育の充実を目標として、有能な保育者の養成を意図するとともに、恩物の考案、庭の原理、『母の歌と愛撫の歌』等に見られるように幼児教育方法論を提示することになった。したがって、フレーベルにとって幼稚園は、球体法則に基づく教育活動が、幼児期の重視へ展開し、社会事業の一環として結実したものと見ることができよう。

注（第二部第三章）

（1）小笠原道雄『フレーベルとその時代』玉川大学出版部、一九九四年、二七四頁、参照。
（2）H・ハイラント、小笠原道雄・藤川信夫訳『フレーベル入門』玉川大学出版部、一九九一年、一六二頁。
（3）同訳書、一六三頁。
（4）同訳書、一六五頁、参照。
（5）同訳書、一六五―一六七頁、参照。

(6) 倉岡正雄『フレーベル教育思想の研究』風間書房、一九九九年、一三〇―一四八頁、参照。
(7) フレーベル、荒井武訳『人間の教育（上）』岩波書店、一九六四年、二一七頁、参照。
(8) 小原國芳・荘司雅子監修『フレーベル全集』第四巻（幼稚園教育学）玉川大学出版部、一九八一年、五八頁。
(9) 同訳書、六〇頁。
(10) 同訳書、三三二頁。
(11) 梅根悟監修、世界教育史研究会編『世界教育史体系21　幼児教育史Ⅰ』講談社、一九七四年、二四三頁、参照。
(12) 小原國芳・荘司雅子監修『フレーベル全集』第五巻（「続幼稚園教育学」・「母の歌と愛撫の歌」）玉川大学出版部、一九八一年、「続幼稚園教育学」、二九一頁。
(13) 日本ペスタロッチー・フレーベル学会編『増補改訂版ペスタロッチー・フレーベル事典』玉川大学出版部、二〇〇六年、四七―五二頁、参照。
(14) 同書、一一五―一一六頁、参照。
(15) 小原國芳・荘司雅子監修『フレーベル全集』第一巻（教育の弁明）玉川大学出版部、一九七七年、三三三頁。
(16) 前掲、『世界教育史体系21　幼児教育史Ⅰ』、二三八頁、参照。
(17) 前掲訳書『フレーベル全集』第四巻、五四四―五四五頁。
(18) 同訳書、五四五頁、参照。
(19) 前掲訳書『フレーベル全集』第五巻、「続幼稚園教育学」、一〇一―一〇二頁。
(20) 同訳書、「続幼稚園教育学」、一〇三頁。
(21) 同訳書、「続幼稚園教育学」、一〇五頁。
(22) 同訳書、「続幼稚園教育学」、一〇六頁。

(23) 同訳書、「続幼稚園教育学」、一〇八頁。
(24) 前掲、小笠原道雄『フレーベルとその時代』、二二六頁、参照。
(25) 同書、二二七頁、参照。
(26) 同書、二二八頁、参照。
(27) 前掲訳書『フレーベル全集』第一巻、三四頁。
(28) 同訳書、三五頁。
(29) 前掲訳書『フレーベル全集』第四巻、二四頁。
(30) 同訳書、二五頁。
(31) 同訳書、四九七頁。
(32) 同訳書、二九―三〇頁。
(33) 前掲訳書『フレーベル全集』第五巻、「続幼稚園教育学」、八〇頁。
(34) 同訳書、「続幼稚園教育学」、一一六頁。
(35) 前掲訳書『フレーベル全集』第四巻、二五頁。
(36) 同訳書、二五頁。
(37) 前掲訳書『フレーベル全集』第五巻、「続幼稚園教育学」、七六頁。
(38) 同訳書、「続幼稚園教育学」、七八頁。
(39) 同訳書、「続幼稚園教育学」、八四頁。
(40) 同訳書、「続幼稚園教育学」、一一八―一一九頁。
(41) 同訳書、「続幼稚園教育学」、一五八頁。

(42) O・F・ボルノウ、岡本英明訳『フレーベルの教育学――ドイツ・ロマン派教育の華』理想社、一九七三年、一四一頁。
(43) 前掲訳書『フレーベル全集』第四巻、六七三頁。
(44) 前掲訳書『フレーベル全集』第五巻、「母の歌と愛撫の歌」、七六頁。
(45) 同訳書、「母の歌と愛撫の歌」、一〇二頁。
(46) 前掲訳書『フレーベル全集』第五巻、「続幼稚園教育学」、一二〇頁。
(47) マーレンホルツ－ビューロー、伊藤忠好訳『教育の原点――回想のフレーベル』黎明書房、一九七二年、六五頁。

第四章　父性と母性

本章では、フレーベルの球体法則における対立と結合について、父性と母性の観点から考察する。まず、父性原理と母性原理について見て、次に球体法則の性格について考察する。そして、フレーベル教育学の研究方法の観点から、ユングの元型論について論究し、球というシンボルの意味を探り、球体法則が父性と母性の調和を目指す思想であることを見出す。それから、球体法則がマリア被昇天の教義と関連があることを、フレーベルのマリア崇拝を根拠として考察する。

一　父性と母性の観点

「父性」と「母性」という言葉は、一般によく用いられる。あるいは、「父性原理」と「母性原理」という表現もある。「父性」は父親から、「母性」は母親から想起されることが多いが、「父性」と「母性」を人間の行為として機能と捉える場合もある。そこで、「父性」と「母性」の機能について見ていく。

松本滋は、『父性的宗教 母性的宗教』において、世界の宗教に主に父性に基づく宗教と、主に母性に基づく宗教があることを指摘している。松本は、「父性的宗教」と「母性的宗教」という語を用いることによって、二つの基本的文化類型の根底にある人間の発達心理あるいは人間関係の心理にまで、分析を深めてみたいと考えている。松本によれば、「父性的宗教」と「母性的宗教」というのは、フロイトの精神分析をはじめ、これらさまざまな社会科学者や思想家たちのもたらした理論的貢献を土台にしながら、自分なりに構成した一つの理論的枠組、概念図式である。(1)

松本は、母性と父性の特徴について次のように述べている。「母親が自然的な世界を表わすならば、父親は規範的な世界を表象しております。母親があるがままの世界に結びついているならば、父親はあるべき世界に関わっていると言うことができます。様々な宗教の中で、従順ということが主な徳で、不従順が罪となるような場合、これは父親的な原理が働いていることを示しております。法律とか秩序とか、あるいは訓練というものは、本来父親的世界の特色と言えます(2)」と。したがって、「以上を要するに、母親というものは、子をあるものとして愛し包む、父親は子をあるべきものとして愛し導く、と言ってよいかと思います(3)。」

母性的宗教とは、母性原理に基づいた宗教である。つまり、人間心理の発達の最初の段階、自他がまだ分化していないような、母親との一体性、あるいは母親によって代表される世界との一体性の状態に結びついているものである(4)。これに対して、父性的宗教とは、父性原理に基づいた宗教である。母性的宗教が人間心理の最初の発達段階に対応するならば、父性的宗教はエディプス期に特に関係している。つまり原初的自然的な母親的世界との分離が、父親の登場によって決定的となる時期である(5)。

松本によれば、「父性的宗教」と「母性的宗教」というタイプは、一種の理念型であり、世界にある現実の宗教は、いずれも純粋な形で父性的宗教あるいは母性的宗教であるわけではない。どのような宗教でも、両要素のさまざまなまざり合い、あるいは融合を示している。ただ、いずれか一方の要素が支配的な特徴をなすとき、他の反対の要素は相対的に「抑圧」され、表面に出ない傾向がある。人間の宗教においても、母性的なものと父性的なものが異質的な原理の上に立って、相葛藤し、また相補い合っていると理解すべきである。松本は次のようにいう。「人間個人が十全なものとして発展するためには、この両方が共に必要であるように、人間の文化、宗教が十全なものとして人間生活を豊かにしてゆくためにも、この父性的宗教と、母性的宗教との両方の原理が、バランスをとることが必要だと考えられるのです。すなわち、人間の成長の過程において、原初的母子一体感の安らぎが大切であると同時に、ともすれば停滞的束縛となる原初世界からの離脱、父性的な声に導かれて一人立つ自律への歩みもまた重要なのです。(6)」

松本は、広く世界の諸宗教を見渡してみると、神あるいは神的・究極的存在を、父親的ないし父性的なもの（父なる神）として把握・表出している宗教と、母親的・母性的なもの（母なる神）としている宗教とに大別することができると指摘している。すなわち、「「母なる神」とは、原初的母子一体性の段階にその心理的根源をもち、無条件的包容性（母性原理）を主要原理とする神」である。これに対して、「「父なる神」は、意志の発達に伴う、より分化した父子関係の現われる段階に心理的根源を有し、条件的規範性（父性原理）を主要な原理としている神である(7)」といえる。

さて、河合隼雄は、松本滋の「父性的宗教と母性的宗教」についての論に興味深く関心を示しているが、独自の観点から、母性原理と父性原理について論じている。河合によれば、「母性の原理は「包含する」機能によって示される。それはすべてのものを良きにつけ悪しきにつけ包みこんでしまい、そこではすべてのものが絶対的な平等性をもつ。(8)」「かくて、母性原理はその肯定的な面においては、生み育てるものであり、否定的には、呑みこみ、しがみつきして、死に到らしめる面をもっている。(9)」「これに対して、父性原理は「切断する」機能にその特性を示す。

それはすべてのものを切断し分割する。主体と客体、善と悪、上と下などに分類し、母性がすべての子供を平等に扱うのに対して、子供をその能力や個性に応じて類別する。[10]」「父性原理は、このようにして強いものをつくりあげてゆく建設的な面と、また逆に切断の力が強すぎて破壊に到る面と、両面をそなえている。[11]」河合は、このような相対立する二つの原理は、世界における現実の宗教、道徳、法律などの根本において、ある程度の融合を示しながらも、どちらか一方が優勢であり片方が抑圧される状態で存在していると考えている。また河合は、倫理観の観点から、母性原理と父性原理について次のように述べている。「母性原理に基づく倫理観は、母の膝という場の中に存在する子供たちの絶対的平等に価値をおくものである。それは換言すれば、与えられた「場」の平衡状態の維持に最も高い倫理性を与えるものである。これを「場の倫理」とでも名づけるならば、父性原理に基づくものは「個の倫理」と呼ぶべきであろう。それは、個人の欲求の充足、個人の成長に高い価値を与えるものである[12]」と。

こうして、母性原理は、包含する機能であり、肯定的なやさしい面と、否定的な恐ろしい面を持ちながらも、すべてのものが絶対的な平等性を持つ。これに対して、父性原理は、切断する機能であり、統合一体となっているものを分割、区別し、個々の特性を際立たせる。

二　球体法則の性格

フレーベルの世界観・基本思想は、「球体法則（das sphärische Gesetz）」といわれるが、球体法則は、難解であることが知られている。そのことは、フレーベルが球体法則について断片的に記述していることにもよると考えられる。球体法則に関する資料から、その性格を探っていきたい。

フレーベルの球体法則に関する先行研究は、ボーデ（Maria Bode）に代表される数学的・物理学的方法による研究[13]、リンケ（Alfons Rinke）による研究や、精神科学的教育学派のフレーベル研究に見られる哲学的方法による研究[14]が主だったように思われる。そして、わが国においては、哲学的方法による、荘司雅子のフレーベル研究を代表的な研究として、この方面での研究が発展している。[15]球体法則における球体や、恩物における球や立方体は、数学的・物理学的方法による解釈や哲学的方法による解釈だけでなく、ユング心理学の観点から見ると、心の問題として捉えることができると思われる。[16]

フレーベルの球体法則とはどのようなものか、その輪郭は、主に次の三つの資料によって明らかになる。

(1)　リンケによるフレーベルの「日記帳からの抜粋」（一九三五年）がある。その中でも特に、一八一一年八月二日に、フレーベルは、「日記帳」に、「球体的な法則、科学、哲学に関する諸命題」と題して二七箇条に及ぶ命題を書き残している。[17]

(2)　ボーデが、一八一一年の「日記帳」に散在する草稿を整理・編集した「一八一一年の定式化に従った球体法則の表現」（一九二五年）がある。[18]

(3)　カイルハウの一般ドイツ学園の『学校案内』第二号に掲載された「徹底した教育、つまりドイツ人を十分に満足させる教育は、ドイツ民族の根本的かつ源泉的要求である」という論文（一八二一年公刊）から、W．ランゲが抜粋し、『フレーベル教育学全集』の「箴言」（一八二一年）の「編集者の前書き」の中に採録したものがある。[19]

まず、リンケによる「日記帳からの抜粋」の内、一八一一年八月二日に「球体的な法則、科学、哲学に関する諸命題」として書き残した二七箇条の中から、球体の意味を探るのに重要と考えられるものを記してみる。

(1)　全宇宙を通じて、ただ一つの原理のみが支配している。
(2)　この法則は、プラス（＋）とマイナス（－）の法則、あるいは対立の法則である。
(3)　この法則は、中心からあらゆる方向へと同時に現出し、あるいは、球体的に現出する。
(4)　存在する万物は、この球体的法則の支配下にある。
(5)　全宇宙は、球体的である。
(6)　永遠の創造者の座は、……その中心に（ある）。
(7)　存在するすべてのものは、その本質―存在―に従えば、永遠なるものそれ自体と同様に古く、従ってそれ自体永遠である。
(8)　すべての人間の認識、すべての学問は、単一である。
(14)　人類と永遠なるものは同一である。
(15)　―われわれが知っている存在の中で―人間において自然の原理、すなわち対立は、最も確実に現出する。
(16)　それゆえ、人間は全宇宙を自らの内に受け入れるべく、追創造すべく創造されているのである。
(17)　これを行なうことが、唯一、学問なのである。
(18)　婚姻の中にのみ、完全な学問は存在する。
(19)　そして、学問は、婚姻が純粋で、完全で、幸福なものであればそれだけ完全なのである。
(20)　婚姻は、同分母〔n〕の結合である。―？―対立物。
(21)　女性は、男性と同様に、学問および洞察へと向かうべく規定されている。

これらの命題によると、球体法則は、全宇宙を支配する原理であり、万物はこの法則の支配下にある。球体法則は、また対立の法則であり、学問を貫き、完全な学問は婚姻の中にのみ存在する。つまり、球体法則は、学問が婚姻と深くかかわることを前提としつつ、男性と女性の両極的対立とともに、婚姻によるその結合を表わしているのである。

ボーデは、一八一一年の「日記帳」に断片的に書かれたものを、整理・再構成して球体法則の展開を跡づけている。ボーデは、幾何学的な図を示しながら、円形ができ、完全な球が出現する過程を、克明に描き出している。

まず、絶対的な中心には、「永遠なるもの」すなわち「一者」が存在する。このあらゆる存在の出発点は、あらゆる存在を潜在的に包含し、未だ展開していない神である。すべての具体的存在は、この中心から「永遠なるもの」が出現することによって生ずる。この現出は、プラス（＋）とマイナス（−）の両極的対立として生じるが、両極の強弱の差異は、性差に従って対立している。この両極的対立は、再統一へ向けた努力を通して展開する。球においてすべての対立は解消し、統一するものとなる。完全な球体の中心に、神が存在する。また、同様な法則に従って大きな全体に、随所に小さな球体が構成される。小さな球体は、大きな全体の部分でありながら、それ自体小さな全体である存在である。個々の特殊な中心は、絶対的中心から流出したものであり、小さな球体に「部分的全体」としての人間の存在が見事に描かれている。

ボーデは、数学的形式によって、万物の根源である永遠なるもの、すなわち神からすべてのものが流出し、両極的対立を再統一し、包含するものとして球体が現出することを描き出している。特に興味深い点は、球体は対立を再統一する展開によって生じることであり、その両極的対立は、男女の性差による対立として示されていることである。ボーデの論究から見ると、リンケの日記の抜粋に見られる球体法則の命題と同様に、球体法則は、対立の法則であるとともに、その対立を結合する法則であり、とりわけ男女の性的対立を包含する要素を持っていることを示している。

フレーベルが一八二一年に書いた「箴言」のランゲによる「編集者の前書き」に、球体法則に関する記述がある。ランゲによれば、この小冊子には、フレーベルがゲッチンゲン大学の学生時代に書き下ろした球体の本性についての余韻が見出され、球の徹底的な考察から彼の内に生まれた考えが、一八二一年においてもいかに彼を支配していたかが次の箇所から明らかであると指摘している。その箇所の文章をいくつか記してみる。

「球的なものは、統一性における多様性の表現であり、多様性における統一性の表現である。」

「球的なものは、すべての多様性が統一性から生じていることの表現であり、また生ずることの表現である。」

「あらゆるものは、自らのうちで自らによって、自らの統一性、個別性、多様性において自分の本質を表現しようと努め、かつ実際に表現することによってのみ、完全に自分の球的な本性を展開する。」

「あらゆるものは、自分の本質の三重の表現を示し、それによって完結している。また三重の表現においてかつそれによってのみ、完全に理解され認識されうる。」

「人間の使命は、もっぱらまず自分の球的本性を、次に球的存在一般の本性を展開し、形成し、表現することである。」

「ある存在の球的本性を展開するために意識的に働くことは、この存在を教育することである。」

「球体法則は、すべての、真に満足できる人間形成の原則である。」

「箴言」における球体法則についての言及は、リンケやボーデの論究に見られる球体法則観と、後の『人間の教育』の冒頭の文章に端的に表現された球体法則に基づく世界観との架橋になっているというか、より『人間の教育』における世界観に近いものとなっている。

「箴言」における統一性、個別性、多様性は、それぞれ『人間の教育』における神、人間、自然に対応するものと考えられる。統一性、個別性、多様性という三重の表現の統一は、神、人間、自然の三位一体を意味している。『人間の教育』の冒頭の文章は、端的に、万物に神的なものが宿り、働き、支配しているという思想を表わしている。これが球体法則である。ボーデの論究にも見られるように、宇宙の中心に位置する「永遠なるもの」、すなわち神が現出することによって、あらゆる具体的存在は生じる。つまり神的なものが流出して、万物に宿り、万物は存在する。また球体法則における対立の法則は、統一性と個別性、統一性と多様性の対立として表われる。「箴言」における球体法則は、人間形成の原則として捉えられている点に特徴が見られる。カイルハウにおける一般ドイツ学園での教育実践の根底にあるものが球体法則であり、『人間の教育』において、人間に宿る神的なものを発展的に表現することへの助成という教育観が示されることになる。

三　ユングの元型論

フレーベルの球体法則の性格を見ていくと、そこには錬金術と同じ発想があるように思われる。それは、球体法則に心理学的側面が見られることを意味する。ユング（Carl Gustav Jung, 1875–1961）は、錬金術の研究を通して心理学的着想を得た。球体法則が持つ心理学的側面を探る方法として、ユング心理学における元型論について考察する。

ユングは、無意識の中には、個人的体験によって、個人的に獲得されたものではなく、遺伝によって存在する部分があることを発見し、それを「集合的無意識」と名づけた。[20] ユングによれば、フロイト（Freud）の見解もアドラー（Adler）の見解も、個人の心理学であり、無意識も個人的なものと見なされている。[21] 個人的無意識から区別される集合的無意識は、心の中にいくつもの特定の形式を持っている。それらの形式は、いつの時代にもどこにでも広く見出され、神話学ではその形式を「モチーフ」と呼んでいる。[22] この形式、つまり考え方や行動の特定の型を、ユングは「元型（Archetypus）」と名づけた。「元型」とは、集合的無意識のパターンであり、「心の動き方のパターン」を意味している。[23] 集合的無意識は、人類に共通の無意識という意味で、「普遍的無意識」とも表現できる。[24]

ユングは、「元型」が一定の精神的な形式を与えるものであるとすると、これらの形式を具象化している材料をどこでどのように手に入れることができるかを明らかにしなければならないと考え、「元型」を証明する方法を次の三つに求めている。[25] 第一に、その主要な源泉は夢である。第二に、いわゆる能動的想像である。ユングのいう能動的想像とは、意図的な集中によって産み出される一連の空想のことである。第三に、元型的材料の興味深い源泉として使えるものに、パラノイア患者の妄想、忘我状態にある時の空想および三歳から五歳の幼児の夢がある。

無意識の表面的な層は個人的無意識と名づけるものであるが、その下には個人的に経験され獲得されたものではなく、生得的なさらに深い層である集合的無意識がある。ユングによれば、「集合的無意識とは、言いかえれば、あらゆる人間において自己同一的であり、それゆえ誰もが持っている心の普遍的な基礎であり、超個人的な性質をもったものである。[26]」個人的無意識の内容は、主として強い感情を伴ったコンプレックスであり、これは心的生命の内個人的な内密の部分を形成しているのに対して、集合的無意識の内容は「元型」である。

「元型」という言葉によってユングが考えていることは、神話、秘密の伝承、おとぎ話と関連づける場合には、きわめて明瞭に説明できるものである。[27]「元型」の数はいくらでも存在しうるが、「元型」にはいくつかの典型的な類型がある。「母元型」、「母娘元型」、「童児元型」、「トリックスター元型」、「精神元型」等である。また、「アニマ」とは、男性にとって理想とする女性像であり、「アニムス」とは、女性にとって理想とする男性像である。「アニマは、情動や激情がつねに働いている男性の心理において、最も重要な動因である。[28]」

「元型」の典型的なものの一つに、「母元型」がある。ユングによれば、「母元型の特性は「母性」である。[29]」「母元型」には子どもを愛情によって養育し庇護する優しい面と、子どもを自分の思い通りに支配しようとする恐ろしい面とがある。ユングは「母元型」の両面的な特性を、「優しくて恐ろしい母」として定式化した。[30] 母の三つの本質的な面として、「守り育む慈愛」、「狂騒的情動」、「冥府的暗黒」を挙げている。[31]「母元型」は、息子にとっても、娘にとっても、母親コンプレックスの基礎をなしている。

ところで、ユングは、人生後半に心の中の諸対立を統合する自己形成の働きを「個性化」と名づけ、この「個性化過程」の到達点を「自己（Selbst）」という言葉で表わす。ユングによれば、「あらゆる生は、結局のところ全体的なものの、すなわち自己の実現である。それゆえこの実現は、個性化とも呼ばれうる。[32]」錬金術で目指す最終物質、あるいは錬金術書に出てくる、蛇が自らの口で自らの尾をかんでいる円環、すなわちウロボロス、そして、球体や円のシンボルは、心の諸対立を統合した「自己」を表わしている。したがってユングは、錬金術の作業過程は、個性化過程と同様の意味を持っていると考えた。つまり錬金術師が作り出そうとしていた最終物質は、自己のシンボルであったと考えられる。ユングによれば、「自己は、諸々の対立の結合である。[33]」それゆえ、「自己とは自我であると同時に非‐自我であり、主観的かつ客観的、個別的かつ集合的である。それは対立項のすべてを結合させた総体であるために、結合のシンボルである。[34]」

ユングによれば、錬金術においても、諸対立は、男性的なものと女性的なものの対立、その相互関係による以上のものを見出せなかった。[35] つまり、錬金術の作業における対立の結合は、男性的なものと女性的なものの対立を前提として、その結合を意味している。錬金術における対立の結合と、球体法則における対立と結合は、同じ方向性を持ち、同じ意味合いを持っているのではないかと考えられる。対立とその対立の結合を意味する球体法則は、男性と女性の両極性が、対立の基本形式を表わすとともに、男性的なものと女性的なもの、父性的なものと母性的なものを統合し、結合することも表わしていると考えられる。

さて、ユング派のノイマン（Erich Neumann, 1905–1960）は、『意識の起源史』において、意識の発達の諸段階が、神話の中に見出せるように、「元型」によって決定されていることを明らかにした(36)。始源には、蛇が自らの尾を飲み込んでいる円環として表わされるウロボロスが置かれる(37)。またウロボロスは、人生後半に心の諸対立を統合する自己形成の働きである「個性化」の到達点である「自己」をも表わす(38)。ウロボロスの次に、その支配下にある自我、すなわち太母の段階が現われる。この太母は、母親の特性、母性原理を体現しているものである。ウロボロス的な始源状態から、「原両親」の分離によって意識が誕生する。つまりここで切断する機能を持つ父性原理が働き、父と母、天と地、光と闇、昼と夜、男と女などの区別を体験する。英雄神話における英雄の「竜との戦い」は、「原両親」との戦いであり、英雄の誕生は、無意識から分離された意識が、その自立性を獲得し、自我を解放することを意味する。

ユングにおいて「個性化過程」で到達すべき「自己」とは、対立物が結合した状態である。結合のシンボルは、総合の最高形態、心の全体性傾向および自己救済傾向の最も完全な産物である。ノイマンによれば、「心の総合はしばしば、たとえば両性具有のような、対立原理の新たなる統一を表わすシンボルによって示される。ウロボロスの両性具有的性格は、ここでは新しい段階として現われる(39)。」人間が変容する道である「個性化」は、自我としての意識と無意識とのより高度な総合をもたらす。「この過程の中で自我は『高まり』、自己との結合を実現する(40)。」

このように、フレーベルが最も完全な形態であると指摘する球というシンボルは、ウロボロスを表現する。ウロボロスは、無意識の状態、両性具有のシンボルであり、完全性と全体性を示し、始源であり終末である。したがって、「個性化過程」の到達点である「自己」も、ウロボロスで表現される。そして、個人の意識の発達においては、ウロボロス段階は幼児期初期、太母段階は幼児期、原両親の分離は児童期、英雄神話の段階は思春期、青年期、変容神話の段階は成人期、老年期にほぼ対応するといえよう。

ところで、ユングにおける対立物の結合の思想および球体の捉え方から、フレーベルの球体法則は、錬金術的発想を持っているのではないかと考えられるが、それではフレーベル自身が錬金術に触れる機会があったのであろうかという疑問が生じる。フレーベルと錬金術の接点は、二つの可能性が考えられる。

まず一つ目の可能性であるが、一七九九年と一八〇〇年の冬ゼメスターの間に、フレーベルは、自然諸科学の研究を開始し、ゲーテも所属していたイエナ大学の自然研究会のメンバーとなった。[41]そこで彼は、自然学の基礎を学んだが、とりわけバッチュ教授のもとで植物学を、ゲットリング教授のもとで化学を徹底的に研究した。フレーベルは明らかに、化学の実験をしている。またフレーベルは、錬金術と関係が深いと見られるゲーテと交流があったと考えられる。

二つ目の可能性は、ベルリン大学での研究対象に関係する。[42]フレーベルは、一八一二年一一月初めにベルリン大学入学の手続きを取った。それは、ベルリン大学の鉱物学の教授ヴァイスの結晶学の講義を聴講するためであった。フレーベルはヴァイス教授のもとで、化学の実験も行なっていたと考えられる。

ユングも指摘するように、錬金術師も多種多様であり、それこそ学問的に当てにならない怪しげな人物から、学問的に貴重な業績を残した人物までいた。大体一八世紀が分岐点であり、一八世紀の終わり頃、錬金術は精密の度を増してきた化学の科学性と折り合いが悪くなった。ユングは、錬金術が自然科学としての化学に生まれ変わったことにより、それ以前の錬金術に内包していた精神的要素が失われたことは残念だったと考えている。つまり、一八世紀頃までの自然科学の研究者は、多かれ少なかれ、錬金術師の要素を持っていたのである。フレーベルは、一八世紀後半から一九世紀前半にかけて生きたが、おそらくイエナ大学で学んだ植物学や化学、ベルリン大学で学んだ鉱物学や結晶学には、まだ錬金術の名残があったと推察される。

四　球体法則における対立の結合

球体法則は、対立の法則であるが、同時に対立物を結合する法則でもある。このことは、フレーベルの学校構想の中にも見出せる。

フレーベルは、晩年に「媒介学校」について論じ、学校段階について言及している[43]。その学校段階は、「母親の腕や膝→小児部屋→幼稚園→媒介学校（基礎学校）→教授と思考の学校→職業と生活の学校」である。この学校段階を母性と父性の観点から考えてみると、「母親の腕や膝」と「小児部屋」と「幼稚園」は、母性が強い段階であり、「教授と思考の学校」と「職業と生活の学校」は、キリスト教に基づく父性原理社会の一員になる準備段階であり、父性が強い段階である。こう考えると、媒介学校は、幼稚園と学習学校の教育内容を媒介し、両者を無理なく結合するためだけのものではなく、母性的なものと父性的なものを媒介し包含している学校構想と考えられる[44]。

これと同じイメージは、第二恩物である。球と立方体は対立する形であり、円柱は球と立方体を媒介する形である。ユング心理学の観点によれば、球は、完全性と全体性を表わし、すべてを包み込む形である。つまり球は、無意識を示唆し、女性性・母性を象徴する。これに対して、立方体は、切断面を持ち、規律、規範、規則正しさを表わす。つまり立方体は、意識を示唆し、男性性・父性を象徴する。

また、フレーベルの球体法則に基づく恩物の配列は、球から始まり、立方体や直方体、さらに三角柱等へと展開していく。これをノイマンの説によって考えると、ウロボロスから始まる意識発達と自我形成の過程と対応しているものと見ることができるのではないかと思われる。つまり恩物の体系は、意識発達の過程をシンボル化したものと捉えることもできよう。球が女性性・母性を象徴し、立方体が男性性・父性を象徴するとすれば、第三恩物以降第十恩物までは、父性を表わしているとも考えられる。したがって、立方体および第三恩物以降の断面を持つ恩物は、父性原理社会を象徴するものとも考えられるのではないかと思われる。

このことに関連して、ボルノーは、『ドイツロマン主義の教育学』の中で、フレーベルが著わした『母の歌と愛撫の歌』のタイトルの絵は、この書物の中で最も美しい絵であり、男性と女性の両極性を体現していると指摘する。(45) 少年は立方体の上に立っているが、この固定した足場である立方体は、その明確な断面のゆえに男性的精神のシンボルである。少女は球の上に立っているが、球の自己完結した調和的な形象は、自己にやすらう女性的精神のシンボルである。このようにボルノーは、立方体と球という二つの立体の両極性が、男性と女性の両極性との明瞭な関連づけにおいて理解されていると指摘する。

『母の歌と愛撫の歌』の絵は、カイルハウの協力者たちの一人であるフリードリッヒ・ウンガーが担当したものである。(46) ウンガーの画風は、「ロマン派画」の流れに位置づけられる。ただ、ウンガーが絵を画いたことはわかっていても、ウンガーが、フレーベルの指示でこのような絵を画いたのか、あるいはウンガーが自分のイメージで画いた絵をフレーベルが気に入って採用したのか、はっきりしない部分もあるように思われる。しかし、いずれにしても、フレーベルの球体法則が「元型」に基づく対立物の結合の思想であるとすれば、このタイトルの絵も立方体と球という元型的イメージが両極性を示し、その両極性を調和する思想を象徴的に表現していると考えられる。

さて、フレーベルの球体法則における対立と結合は、ユングの元型論および対立物の結合の思想の観点から見ることによって、その意味が明確になるように思われる。つまり、集合的無意識のパターンである「元型」を根拠にすることによって、球体法則における対立と結合の意味が明確になるということである。球は、幼児期初期の無意識の状態を示唆するシンボルであると同時に、意識発達の段階を経て、人生の後半において心の中の対立を統合する「個性化過程」で実現を目指す「自己」のシンボルでもある。球は、対立を包含し、対立を結合するシンボルなのである。つまり、フレーベルは、心の葛藤を統合した状態を、球体というシンボルに見出したと考えられる。

フレーベルの球体法則は、両極的対立を前提としつつ、その対立を結合する思想である。したがって球体法則は、男性性と女性性、父性と母性という対立するものを結合する思想であり、教育実践において、父性と母性の調和を目指す思想であると考えられる。

五　球体法則とマリア被昇天の教義

フレーベルの球体法則は、キリスト教の教義と異なり、父と母と子の三位一体を宗教的関係と捉える。フレーベルは、論文「新しい年一八三六年は生命の革新を要求する」において、母の存在と母性を重視する。フレーベルは、家族における父と母と子の三位一体を、光と愛と生命とも捉えるが、これはキリスト教における神、マリア、イエスに対応するものと思われる。キリスト教における三位一体は、神、聖霊、イエスであり、男性性・父性が強いが、この論文では、父と母と子を、神的なものを実現するための宗教的関係として捉え、女性性・母性を加えた三位一体を示している。この論文において、聖母像を人間性や神性を表わすものとして取り上げている点は、マリアが、女性、母、母性を象徴するからであると考えられる。

ところで、イエスの死後、マリアの存在は、教会を発展させる基礎となる。キリスト教の教会の内部においても、民衆の間においても、マリアに対する信仰はあったが、マリアの存在は、正式な教義としては長らく認められなかった。マリアに関する解釈も発展してきたが、教義上の大きな出来事は次のようなことである。四三一年、エフェソス宗教会議で、「神の母」というマリアの称号が公認された。一八五四年、「無原罪の御宿り」の教義が宣言された。一九五〇年ローマ法王ピウス一二世（ピオ一二世とも表記される）は、「マリア被昇天」を正式な教義と認めると宣言するに至った。(47)「マリア被昇天」とは、マリアが死後肉体のまま天に昇って、天の女王である花嫁として迎えられ、神と結婚するということ、つまり神性を与えられたということを意味する。

フレーベルの球体法則における父と母と子の三位一体と、マリア被昇天の教義における神、マリア、イエスの三位一体は、その中に母・マリアが入ることにおいて同じ性質を持つ思想であることがわかる。そこで、球体法則の持つ心理学的側面を探るために、ユングが、マリア被昇天の教義を、「元型」との関係においてどのように捉えているかを考察する。マリア被昇天の教義は、時代の趨勢である男女同権と一致する側面もあるが、その一方で、それは無意識の心理学によって根拠づけられたものである、とユングは考える。

ユングは、「マリア被昇天」を、キリスト教の教義において女性性・母性を公認したものとして高く評価している。ユングは、「マリア被昇天」を「元型」と不可分のものと認識している。したがってユングは、聖母マリアがキリスト教において「母元型」に当たるものであることを強調する。(48)ユングは、一九三八年に論文「母元型の心理学的諸側面」の初稿を書き下ろした時には、一二年後にキリスト教で「母元型」に当たるものが、教義上で真理にまで高められることになろうとは、知るよしもなかったと述懐している[49]。

ところで、ユングの論文「修道士クラウス」（一九三三年）は、フレーベルにおける父と母と子の三位一体を理解する上で、非常に重要な手がかりを与えてくれる。クラウスは、一五世紀に生きたスイスの神秘家である。彼は、家族を持っていたが、やがて隠遁生活に入る。

ユングが注目するのは、クラウスの三位一体の幻視である。ユングは次のように述べている。「この幻視では「父なる神」と息子が関わっており、また「神の母」も関わっている。宮殿は天であって、そこには「父なる神」も「母なる神」も住んでいる。異教の中には、これと完全に同じ神と女神がはっきりと見られる。神秘的体験においては神の根源が男女両性具有であるのが特徴的である[50]。」また、「この幻視の三位一体、すなわち父―母―子はじっさいに非教義的である。その最も近い類似物としての三位一体、すなわち神―ソフィアーキリストはまったく異教的、グノーシス主義的である。しかし教会は聖霊の女性的性質を消し去ってしまい、女性性は今ではシンボルとしての鳩によって示されている[51]」と。

この論文が発表されたのは一九三三年であり、マリア被昇天の教義が正式に認められる以前である。修道士クラウスによる父―母―子の幻視とは、神とマリアとイエスの幻視を意味し、神、聖霊、イエスの三位一体が正式な教義である時代では、グノーシス主義における神―ソフィアーキリストの三位一体に類似するものと考えられた。ユングは、クラウスの幻視は、男性性・父性が強いキリスト教に対して、女性性・母性をも含む、対立物の結合の思想を示唆すると考える。クラウスによる天における「母なる神」の幻視は、マリアの幻視を意味し、「元型」によるものであるとともに、正統な教義ができる以前の原始キリスト教の成立以来、民衆の間でマリア崇拝が脈々と存在し続けたことに関係する。つまり、キリスト教におけるマリアの存在は、集合的無意識のパターンである「元型」として現われるだけではなく、崇拝の対象でもあったということである。その意味において、クラウスによる父―母―子の三位一体の幻視は、マリア被昇天の教義に関連するものと考えられる。

このクラウスの三位一体の幻視は、フレーベルにおける父と母と子の三位一体に通じるものがある。というのは、どちらの三位一体も、「元型」に基づき、母が入っているからである。ユングの論文「修道士クラウス」の論述は、フレーベルの球体法則が、グノーシス主義および錬金術に近い発想であることを裏づける。

フレーベルに大変強い影響を与えた詩人のノヴァーリス（一七七二―一八〇一）は、マリア崇拝を持っていた。すなわちノヴァーリスは、カトリックを信仰していたが、カトリックの本質、キリスト教の本質を聖母崇拝に見ていた。(52) フレーベルには、ノヴァーリスからの影響もあったと思われるが、根本的には、錬金術における対立物の結合に影響を受けながら、集合的無意識による「元型」に基づき、マリア崇拝を持っていたのではないかと推察される。

フレーベルの幼稚園における女性の尊重は、母親と幼児が「生の合一」を獲得するための媒介としての女教員の役割に関連するが、根源的には彼のマリア崇拝に関係すると思われる。こうした女性の尊重は、マリア被昇天の教義の時代的意義と同様に、男女同権、男性と女性の対等平等を前提としている。しかし、男女の絶対平等という考えではなく、権利としての平等は念頭に置いているが、男性と女性の双方の特性を尊重し、補い合い、協力し合うことが大切であるという立場であると考えられる。

ところで、吉山登は、キリスト教が、父性原理が強い宗教であるという見方に対して、聖書の神は、父性も母性も持ち合わせている神であることを強調する。このことは、球体法則における神や父性と母性の調和を理解する上で重要な示唆を与えてくれる。

吉山は次のように述べている。「よく聞かれる俗説に、聖書の神はあまりにも父性的なので母性的な神に対するひそかな人間の欲求が、マリア崇敬によってカトリック教会の中に保たれているという解釈がある。このような解釈は文化人類学的に見えるが、聖書の解釈からは支持されえない。というのは、聖書の神は性別を創造した神（創世記1の27）であるから、父性的のみならず母性的にも、人類に対する愛を示すことはできる。例えば、旧約の預言者ホセアは、神の愛をきわめて母性的な配慮を抱くものと述べているからである（ホセア11）。マリア崇敬をもとに神の愛の母性的深みを黙想することは誤りではないとしても、その際、マリアは人間的にそれを表徴しているにすぎず、神の真に母性的愛は、人間の性別から想像される以上の、限りないものであることは忘れてはならないであろう(53)」と。このように吉山は、キリスト教の神は、父性だけではなく、母性も包含する神であることを強調する。

吉山によれば、「二つの世界大戦を経たカトリック教会においてマリアに対する崇敬は、古代教会の教父たちの教えにある、マリアは死とともに心も身体も天に上げられたという「被昇天」の教えを、教会の普遍的教義として宣言するほどにまで発展した(54)。」マリアは、神の言葉に従い、神の御旨を行うことによって女となり母となったのであり、その決断を「わたしは主のはしため」という言葉で示している。吉山は、「現代の女性観は男女同権を強調するあまり、女性性の本質にある奉仕性は見失われる可能性がある(55)」という。マリアが自分を「主のはしため」という時、神への従順さと、生まれてくる神の子としてのイエスに対する従順さを意味するとともに、女性性の本質、すなわち奉仕性を意味している。

吉山は、マリアの自己奉仕から、女性性の本質を奉仕性に見る。吉山は、「マリアに取次ぎを願う祈りの根拠も、まさにマリアがイエスの母であるという信仰にある」[56]と述べている。つまり神は、マリアを通して母性を示していると考えられる。したがって吉山は、「聖書の神を父性的に解釈することは誤りである。聖書の神は母性的な愛も示している。そもそも、聖書の神には性別はないので、父性的、母性的という解釈を超えたところに神の愛の本質がある」[57]と強調するのである。つまり、神は父性的であるから、それを補うためにマリアは母性的であると理解することは、聖書の解釈からは正しくないということである。神学者スキレベークス（E.Schillebeeckx, 1914-2009）は、「神の贖罪的愛の善は、父性的であり、母性的である」[58]と述べている。

このような立場と同様の思想を、球体法則は端的に示している。球体法則は、父性と母性を結合しているのであり、球体は、父性的でも母性的でもある神を表わしている。すなわち、ユングによれば、神は対立物の結合である。[59]

このように、神とマリアとイエスの関係を、人間の性別役割から見るのは誤りである。神は、強い父性を示すが、同時に神はマリアを通して母性をも示す。神は父性と母性を包含する対立物の結合であるというキリスト教の原点に立ち返ることを、球体法則は示唆しているといえよう。その意味において、球体法則は、神の父性を強調する表面流の教義に対して、グノーシス主義から錬金術へ流れ込んだ低層流の思想を、キリスト教の教義を補完するものとして取り入れ、本来の聖書の教義に立ち返り、マリア被昇天の教義と同様の思想を先取りしていたものと捉えることができる。

注（第二部第四章）

（1）　松本滋『父性的宗教 母性的宗教』東京大学出版会、一九八七年、四頁。

（2）　同書、一四―一五頁。

（3）同書、一五頁。
（4）同書、一九—二〇頁。
（5）同書、二〇—二一頁、参照。
（6）同書、二五頁。
（7）同書、八九—九〇頁。
（8）河合隼雄『母性社会日本の病理』中央公論新社、一九七六年、九頁。
（9）同書、九頁。
（10）同書、一〇頁。
（11）同書、一〇頁。
（12）同書、一三頁。
（13）M.Bode, Friedrich Fröbels Erziehungsidee und ihre Grundlage, In:Zeitschrift für Geschichte der Erziehung und des Unterrichts 15（1925）, S.118-184.
（14）A.Rinke, Friedrich Fröbels philosophische Entwicklung unter dem Einfluß der Romantik, Langensalza, Hermann Beyer & Söhne（Beyer & Mann）, 1935.

精神科学的教育学派のフレーベル研究の代表的なものには、次のものがある。E.Spranger, Aus Fröbels Gedankenwelt, 2.Aufl.,Quelle & Meyer.Heidelberg, 1953. E・シュプランガー、小笠原道雄・鳥光美緒子訳『フレーベルの思想界より』玉川大学出版部、一九八三年。O.F.Bollnow, Die Pädagogik der deutschen Romantik.Von Arndt bis Fröbel, W.Kohlhammer Verlag Stuttgart 1952. O・F・ボルノウ、岡本英明訳『フレーベルの教育学——ドイツ・ロマン派教育の華』理想社、一九七三年。H.Heiland, Friedrich Fröbel in Selbstzeugnissen und Bilddokumenten,

Rowohlt Taschenbuch Verlag GmbH, Reinbek bei Hamburg, 1982. H・ハイラント、小笠原道雄・藤川信夫訳『フレーベル入門』玉川大学出版部、一九九一年。

旧東ドイツのフレーベル研究の水準を示す次のものも、哲学的方法を含んでいる。R・ボルト、W・アイヒラー、小笠原道雄訳『フレーベル　生涯と活動』玉川大学出版部、二〇〇六年。

(15)　荘司雅子『フレーベルの教育学』玉川大学出版部、一九八四年。

荘司雅子『フレーベル研究』玉川大学出版部、一九八四年。

倉岡正雄『フレーベル教育思想の研究』風間書房、一九九九年。

ハイラントのフレーベル研究およびR・ボルト、W・アイヒラーによるフレーベル研究をもとに、新たなフレーベル像を画き出したものとして、次のものがある。小笠原道雄『フレーベルとその時代』玉川大学出版部、一九九四年。また、日本におけるフレーベルの「球体法則」に関する先行研究としては、次の論文がある。岸信行「フレーベルにおける「球体法則」の思想」、『関東教育学会紀要』第七号、一九八〇年、一八―二三頁。石橋哲成「若きフレーベルの思想形成――「球体法則」思想の形成過程を中心として」、『フレーベル研究論集――思想の形成過程とその構造および象徴について』（玉川学園学術教育研究所共同研究報告第六号、一九八五年）一五―二八頁。小笠原道雄「フレーベルにおける人間形成の基底論理――「球体法則はあらゆる真のかつ十分な人間教育の基本法則である」」、森田孝・長井和雄・西村皓・小笠原道雄・平野正久編『人間形成の哲学』大阪書籍、一九九二年、三〇三―三一八頁。山口文子「初期フレーベルの教育思想形成に関する一考察――「球体法則」成立への軌跡を中心に」、『日本の教育史学』第三十六集、教育史学会、一九九三年、一七〇―一八四頁。山口文子「「球体法則」から「生の合一」へ――F．フレーベルにおける「生の合一」思想の成立について」、『人間教育の探究』第13号、日本ペスタロッチー・フレーベル学会、二〇〇一年、六九―八六頁。

(16) 豊泉清浩「フレーベルの球体法則における対立と結合――ユング心理学の観点から」、『人間教育の探究』第20号、日本ペスタロッチー・フレーベル学会、二〇〇八年。

(17) A.Rinke, Friedrich Fröbels philosophische Entwicklung unter dem Einfluß der Romantik, a.a.O.,S.117-118.

(18) M.Bode, Friedrich Fröbels Erziehungsidee und ihre Grundlage, a.a.O.,S.118-184.

(19) 小原國芳・荘司雅子監修『フレーベル全集』第一巻（教育の弁明）玉川大学出版部、一九七七年、四一〇―四一一頁。

(20) C・G・ユング、林道義訳『元型論〈増補改訂版〉』紀伊國屋書店、一九九九年、一二頁。

(21) 同訳書、一三頁。

(22) 同訳書、一三頁。

(23) 林道義『無意識への扉をひらく――ユング心理学入門Ⅰ』ＰＨＰ研究所、二〇〇〇年、一五五頁。

(24) 同書、一五五頁。

(25) 前掲、C・G・ユング、林道義訳『元型論〈増補改訂版〉』、一九―二五頁。

(26) 同訳書、二八頁。

(27) 同訳書、三〇頁。

(28) 同訳書、九六頁。

(29) 同訳書、一〇六―一〇八頁。

(30) 同訳書、一〇八頁。

(31) 同訳書、一〇八頁。

(32) C.G.Jung, Gesammelte Werke, 12.Bd.,Psychologie und Alchemie, Hrsg.v.L.J.-Merker, E.Rüf, Walter Verlag,

Düsseldorf, 1995, S.259.（C・G・ユング、池田紘一・鎌田道生訳『心理学と錬金術Ⅰ』人文書院、一九七六年、二九七頁。）

（33）ibid., S.34.（同訳書、三五頁。）

（34）C・G・ユング、林道義・磯上恵子共訳『転移の心理学』みすず書房、一九九四年、一二九頁。

（35）C・G・ユング、池田紘一訳『結合の神秘Ⅰ』人文書院、一九九五年、一二九頁、

（36）前掲、豊泉清浩「フレーベルの球体法則における対立と結合――ユング心理学の観点から」、九―一二頁、参照。

（37）エーリッヒ・ノイマン、林道義訳『意識の起源史〈改訂新装版〉』紀伊國屋書店、二〇〇六年、三四頁、参照。

（38）同訳書、七〇―七二頁、参照。

（39）同訳書、四八六頁。

（40）同訳書、四八七頁。

（41）前掲、H・ハイラント、小笠原道雄・藤川信夫訳『フレーベル入門』、一七頁、参照。

（42）同訳書、七九―九六頁、参照。

（43）小原國芳・荘司雅子監修『フレーベル全集』第五巻（続幼稚園教育学・母の歌と愛撫の歌）玉川大学出版部、一九八一年、「続幼稚園教育学」、一六九―二〇三頁、参照。

豊泉清浩「フレーベル教育学における媒介学校論に関する一考察――幼稚園と学校との連携をめぐって」、『浦和論叢』第34号、浦和大学短期大学部、二〇〇五年、一八五―一九一頁、参照。

（44）豊泉清浩「フレーベル教育学における父性に関する一考察――母性との関連において」、『人間教育の探究』第18号、日本ペスタロッチー・フレーベル学会、二〇〇六年、四九―五〇頁、参照。

（45）前掲、O・F・ボルノウ、岡本英明訳『フレーベルの教育学――ドイツ・ロマン派教育の華』、一八九―一九〇頁、

参照。

(46) 前掲、小笠原道雄『フレーベルとその時代』、三五〇―三五四頁、参照。

岸信行「フレーベル著『母の歌と愛撫の歌』の哲学的基礎――その書を貫いている教育的精神について」、『人間教育の探究』第2号、日本ペスタロッチー・フレーベル学会、一九八九年、四八―四九頁、参照。

(47) ヤロスラフ・ペリカン、関口篤訳『聖母マリア』青土社、一九九八年、五一頁、一七五頁、二六七―二八〇頁、参照。

林道義『ユング思想の真髄』朝日新聞社、一九九八年、二九七―三〇三頁、参照。

(48) 前掲、C・G・ユング、林道義訳『元型論〈増補改訂版〉』、九九―一三八頁、参照。

前掲、豊泉清浩「フレーベル教育学における父性に関する一考察――母性との関連において」、五一―五二頁、参照。

(49) 同訳書、一三五頁。

(50) 同訳書、三七八頁。

(51) 同訳書、三七八―三七九頁。

(52) 森崇司『ノヴァーリス――夜の想像力考察』日本文学館、二〇一一年、五一頁、参照。

(53) 吉山登『マリア』清水書院、一九九八年、八五―八六頁。

(54) 同書、九六頁。

(55) 同書、一一三頁。

(56) 同書、一八二頁。

(57) 同書、一八二頁。

(58)　E・スキレベークス、伊藤庄治郎訳『救いの協力者 聖母マリア』聖母の騎士社、一九九一年、一七六頁。
(59)　C・G・ユング、林道義訳『ヨブへの答え』みすず書房、一九八八年、八九頁、参照。

第五章　フレーベル主義幼稚園の展開

前述したように、フレーベルは、一八四〇年六月二八日、グーテンベルクの印刷術発明四〇〇周年記念日に、バート・ブランケンブルクの三施設から成り立つ幼児教育のための一大総合施設を「一般ドイツ幼稚園」と称し、これを「ドイツの婦人たちおよび女子青年たちによる教育事業実施のための組合」の株式事業として経営することを決意し、その創立式を挙行した。(1)やがて、フレーベルの幼稚園はドイツ各地で設立されることになる。

しかし、理不尽にも一八五一年八月七日、プロイセン政府は、「幼稚園禁止令」を告示した。フレーベルは、禁止令の撤回を強く求めたが、実現されず、失意の中、一八五二年六月二一日、マリーエンタールで死去した。マーレンホルツ＝ビューロー夫人やディースターヴェークの尽力もあり、一八六〇年三月一〇日、プロイセン政府は幼稚園禁止令を廃止した。

フレーベルの死後、ドイツのフレーベル運動は、フレーベルの教育原理に基づく幼稚園、つまりフレーベル主義幼稚園の理論的および実際的拡大を中心に、ほぼ一九世紀後半において繰り広げられる。そしてマーレンホルツ＝ビューロー夫人は、フレーベルの幼稚園教育学に関する体系を、講演と展示によって、他の西ヨーロッパ諸国に紹介した。(2)とりわけ、イギリスでは、強力なフレーベル運動が起こり、フレーベル主義幼稚園が次々と普及した。そこで本章では、フレーベル主義幼稚園の展開の経緯を、ドイツ、イギリス、アメリカ、そしてわが国での展開において考察する。

一　ドイツにおけるフレーベル主義幼稚園の発展

一八五〇年代には、プロイセンの幼稚園禁止令などの反動的な文教政策の下で、フレーベル主義幼稚園運動は停滞した。一八五八年、王弟ヴィルヘルムが摂政の位に就き、彼の下にアウエルスヴァルトを首班とする自由主義内閣が成立した時、暗い反動の時代は終わりを告げ、自由主義的な「新時代」が始まった。(3)

ベルリンにおいては、すでに一八五七年、「フレーベル教育理論促進協会」が設立されていた。この団体は、幼稚園禁止令が出されていたため、幼稚園の設立を目的とするものではなく、正統なフレーベルの理論の継承と普及、並びにフレーベル主義的遊びの指導者の養成に尽力した。一八六〇年、幼稚園禁止令の廃止とともに、この団体は解散し、新たにマーレンホルツ＝ビューロー夫人を名誉会長として、「ベルリン・フレーベル主義幼稚園促進婦人協会」に発展した。この協会は、翌年すでに四つの幼稚園と一つの幼稚園女教員養成所を設立・経営し、一八六四年には二七二人の会員を有するにまでに成長した。(4)

また、一八六三年の春には、ベルリンに、ディースターヴェークらによって支援されたマーレンホルツ＝ビューロー夫人によって、「家庭教育および民衆教育協会」が設立された。この協会は、フレーベルの思想による教育の全般的な改革を究極の目標としたが、差し当たり、(1)幼稚園の設立、(2)幼稚園女教員養成所の設立、(3)無料の子守女養成学校の設立、(4)託児所の民衆幼稚園への改造、(5)フレーベル的方法によって指導される男女児のための遊び場の設置、(6)フレーベル的学童園の設置、(7)フレーベル的方法の女子学校への導入、(8)児童書の改善に、その努力を集中した。この協会の会員数は、翌年早くも四一〇人に達した。[5]

この協会が設立または支援した幼稚園は、当初、「私的幼稚園」と「地区幼稚園」とであった。[6]前者は、有産階級の幼児を対象にし、午前九―一二時の三時間保育をした。後者は、その地区の全幼児を対象にした。有産階級は授業料を負担させられたが、貧民階級の幼児のためには無料席が設けられた。

この地区幼稚園の中で、特異な存在は「フィヒテ幼稚園」であった。[7]これは、一八六二年五月一九日、フィヒテ生誕一〇〇年祭を記念して設立された上流階級の子弟のための幼稚園であったが、やがて地区幼稚園に改組された。さらに一八六五年五月一日、主として労働者階級の幼児を対象とする、月謝をわずかしか徴収しないか、また無月謝席を用意する「民衆幼稚園」に改められた。これが、ドイツにおける最初の民衆幼稚園である。ここでの幼稚園教育が、お祈りをもって始まり、お祈りをもって終わるという定式が成立していること、また教育内容が、「教授」という言葉で表現されていることから、フレーベルの幼稚園の変質あるいは堕落であるとの指摘がある。[8]

一八七四年、ベルリンのこれら二つの団体は合併し、「ベルリン・フレーベル協会」を結成し、さらに強力な幼稚園運動とフレーベル運動へ進んだ。ライプチヒには、フレーベル主義幼稚園運動の中心人物として、ゴールドシュミット（Henriette Goldschmidt, 1825-1920）女史がいた。彼女は、一八七一年、「ライプチヒ家庭教育および民衆教育協会」を結成した。この協会は、発足当初すでに一五〇人の会員を数え、翌年には民衆幼稚園とライプチヒ幼稚園女教員養成所を設立した。[9]

チューリンゲン地方においては、すでに一八五九年、A・ケーラー、F・ザイデルおよびF・シュミットを中心とする一団の教師たちが、フレーベルの教育理論を研究する「ゴータ・フレーベルの友」と称する会を作った。彼らは、翌年、一九四三年まで中断することなく続いた「幼稚園」と題する雑誌を発行した。この会は、やがて一八七二年には「全フレーベル協会」と改称し、この協会は、幼稚園や幼稚園女教員養成所を設立するとともに、この協会に参加した多数の教師たちの助力を得て、初等学校に幼稚園の方法を導入し、幼稚園教育と初等学校教育の連続性の保証のために尽力した。この協会は、一八七三年に、ドイツ各地のフレーベル運動の組織を結集し、「全ドイツ・フレーベル連合」に発展した。(10)

ドレスデンにおいては、B・マルカルトを中心に、フレーベル主義幼稚園運動が行なわれていた。マーレンホルツ＝ビューロー夫人が一八七〇年この都市に移住してから、彼女を中心に、一八七一年五月「全教育協会」が結成された。(11) それは、マーレンホルツ＝ビューロー夫人の長年の夢である、フレーベルの教育原理による教育全般の改革、すなわち「新教育」の創造を実現するための組織であった。

この協会は、「フレーベル学院」をドレスデンに設置し、幼稚園女教員の養成と女子の継続教育を行なった。(12) この学院は、授業料を低く抑えるとともに、給費制度や無料席制度を導入し、無産階級の女子に門戸を開くことに努力した。また、ドレスデン支部協会が設けた乳児託児所、家庭連合幼稚園および民衆幼稚園が、この学院の実習施設として利用された。さらに、この協会は第一回集会において、すでに一八六一年マーレンホルツ＝ビューロー夫人らによって創刊されていた「現代の教育」を機関誌として発行することを決定した。

マーレンホルツ＝ビューロー夫人の幼稚園思想は、「正統的なフレーベル主義幼稚園の思想と実践」を形成した。(13) 彼女の幼稚園思想において注目すべきものは、次のことである。

第一に、彼女はフレーベルの方法による「教育の全面的改革」――「新教育」の創造を志した。このような彼女の新教育運動は、二〇世紀への転回期にドイツにおいて反ヘルバルト主義の立場から始められた新教育運動、すなわち改革教育学の運動の原点をなすものであったと見られた。

第二に、彼女は民衆幼稚園を提唱し、家庭連合幼稚園、市民幼稚園および民衆幼稚園という幼稚園の階級的複線化を提案し、かつ公認した。

第三に、彼女は宗教・道徳教育を重視した。また、彼女は遊び、作業および労働の道徳化の働きを強調した。

第四に、彼女はすべての女性に「母親の科学」を教えることを強調した。また彼女は、婦人の解放、真の男女平等は女性のこのような教育による教養水準の向上を通じて実現されると考えた。

シュラーダー＝ブライマン夫人（Henriette Schrader-Breymann, 1827-1899）は、フレーベルの姪娘であり、一八四八年から一八四九年にかけて彼の指導を受けた(14)。一八五一年、彼女は自由組合教会派によってシュヴァインフルトに設立された幼稚園および無宗派学校の指導を引き受けたが、やがてこれらの教育施設はプロイセンの幼稚園禁止令によって閉鎖された。彼女は、一八五四年ブラウンシュヴァイヒ公国のヴォルフェンビュッテルの近くのヴァトツームの父の牧師館に女子学校を設立した。一八六〇年にはスイスを訪れ、マーレンホルツ＝ビューロー夫人と協力して、フレーベルの教育原理の普及および幼稚園の設立のために尽力した。

一八七二年、彼女は鉄道管理局長カール・シュラーダーと結婚し、ベルリンに移住し、マーレンホルツ＝ビューロー夫人の後を受けて、ベルリンにおけるフレーベル運動の中心人物になった(15)。彼女は、まず、貧民・労働者の子弟を対象とする民衆幼稚園を設立し、やがてこの幼稚園の財政的支援のために「ベルリン民衆教育協会」を結成し、続いて媒介学級、労作学校、初等学級、幼稚園女教員養成所を付設し、一八七八年、これらの教育施設を「ペスタロッチー＝フレーベルの家」と総称した。それは、ペスタロッチーとフレーベルの教育思想および教育実践の融合による、ベルリンの貧民および労働者の子女のための一大総合学園であり、その後のドイツの幼児教育のあり方に大きな影響を及ぼした。

一九世紀後半のフレーベル主義幼稚園運動において注目すべきことは、民衆幼稚園の出現とその発展である。[16] それは、フレーベル主義幼稚園の階級的複線化を作り出しつつ、幼稚園の児童福祉施設的性格を強めた。しかし他方、全ドイツ・フレーベル連合などに見られるように、フレーベル主義幼稚園を明瞭に教育施設として定義し、学校制度の中に位置づけようとする努力も強かった。

やがて二〇世紀に入ると、フレーベルの恩物体系は、幼稚園から姿を消し始めた。[17]「フレベル主義幼稚園」という言葉も使われなくなり、「モンテッソーリ幼稚園」なるものが出現する状況となった。

二　イギリスにおけるフレーベル主義幼稚園の導入

イギリスにフレーベル主義幼稚園を最初に紹介したのは、一八五一年にドイツから亡命した政治家ヨハネス・ロンゲ（Johannes Ronge, 1813-1875）とその夫人ベルタ（Bertha）である。[18] ロンゲは、一八四八年フランスの二月革命の後、ドイツに成立したフランクフルト連邦議会の議員に選ばれた人である。その連邦議会も反革命勢力の反撃によって崩壊し、ロンゲは反革命派の迫害に曝されることになり、イギリスに亡命するに至った。ベルタは、夫ロンゲの人道主義的な宗教改革思想の理解者であるとともに、フレーベルから直接指導を受けたフレーベル主義者であった。彼女は、フレーベルの幼稚園の普及のために、数人の友人にフレーベルによる直接の指導を受けさせ、その仲間とドイツ各地で幼稚園の設立の運動をしていた。

ロンゲ夫妻は、イギリスに渡り、ロンドンのタヴィストックの住居に落ち着いた。ロンゲは自らの思想信条を「人道教」と呼んだ。夫妻は、いわゆる新宗教を説きながら、住居で幼稚園を開いた。初めの内は、この幼稚園はロンドン在住のドイツ人子弟を対象としたドイツ語幼稚園であった。このドイツ語幼稚園は、ドイツ語を教育用語としたが、一八五四年からイギリス人の子どもも一緒に入園することになり、用語の方はこの時から英語に切り替えられた。[19]

ロンゲ夫妻の幼稚園が英語幼稚園となり、イギリス人の間にフレーベル主義を広める中心的な役割を担うと自覚されるようになったのは、一八五四年にロンドンの聖マーチン寺院のホールを会場として、技芸協会主催の教育博覧会が開かれ、それに出陳するためにドイツから、マーレンホルツ＝ビューロー夫人が渡英したのが、きっかけとなったと推測されている。[20]マーレンホルツ＝ビューロー夫人は、この博覧会にフレーベルの恩物を出陳し、夫人と同行したフレーベルの弟子でハンブルクの保母養成所長のホフマンがその実演と解説に当たった。そしてロンゲ夫妻もこの機会にタヴィストックの彼らの幼稚園をイギリス人に公開し、また技芸協会の求めに応じて、ロンゲ夫人が会場で観覧者に講演をした。

マーレンホルツ＝ビューロー夫人は間もなくイギリスを去ったが、ホフマンはなお滞在して、フレーベル主義による保母養成に力を注いだ。ロンゲ夫妻もこの頃から保母養成を始めた。ロンゲの幼稚園には参観者が押しかけた。そこでそのような反響と要望に応えて、ロンゲ夫妻は『英語キンダーガルテンの手引』を作ることを思い立ち、それを一八五五年に出版した。[21]この本は、まさにイギリスにおけるフレーベル主義運動の最初の文献である。

タヴィストックの幼稚園は、当初七歳以下の子どもしか預からなかったから、やがて年長児のための初等学校が併設されることになった。親たちの希望によってその設立委員会が作られ、一八五五年四月から、アソシエーション・スクールと呼んで開校された。初めはわずか四人の児童だけであったが、一年の内に六〇人に近い児童が集まった。ロンゲは、この幼稚園とアソシエーション・スクールとを合わせて、「人道学校」と呼んだ。[22]

この年長の児童向け施設、つまり初等学校は、初等教育そのものを幼稚園の延長線上に置こうとする試みであった。[23] 何よりもまず当時の初等学校に見られる訓育や授業の堅苦しさ、カリキュラムの形式性を打破し、子どもの創造性や空想性、そして個性を大切にした。またロンゲは、この幼稚園と学校の運営についてフレーベルの考えに従って、父母と教師の参加を求め、一種のＰＴＡ組織に、学校運営の計画と実際を委ねた。

一八五七年にはマンチェスターに、バートン嬢によって幼稚園が開かれた。彼女はロンゲ夫人の下で訓練を受けた弟子である。このバートン嬢の誘いに応じてロンゲ夫妻はこの年マンチェスターを訪れ、そこでキンダーガルテンに関して講演を行ない、その結果マンチェスターに「キンダーガルテン法普及のためのマンチェスター委員会」が設立された。[24] ロンゲ夫人もその町に保母養成の施設を作った。

一方ホフマンは、一旦ドイツに帰ったが、同じ一八五七年にイギリスの幼児教育推進の中心的な組織である「本国及び植民地幼児学校協会」に招かれ再び渡英し、その協会の幼児学校教師養成施設で講演を行なった。[25] このことは、イギリス伝統の幼児学校にもフレーベル主義が浸透し始めたことを物語っている。

フレーベル主義の幼稚園がイギリスに紹介され、導入された頃、イギリスの幼児教育施設として一般化していたのは、ウィルダースピン（Samel Wilderspin, 1791-1866）を創始者とする幼児学校（infant school）であった。イギリスにおける最初の幼児教育施設とされるオーエン（Robert Owen, 1771-1858）によってニュー・ラナークに創設された幼児学校が、そこの工場労働者の幼児たちを対象とするものであったように、ウィルダースピンの幼児学校も、発達する資本主義社会における工場労働者の幼児を対象とするものであり、一方では貧困階級の幼少年の道徳的退廃、不良化を防止するための施設であるとともに、他方では婦人労働者のかかえている幼児を対象とする託児所的機能を果たすものであった。したがって幼児学校の日課は、概ね九時に始まり、四時頃終わるという、長時間保育を行なっていた。[26]

これに反してロンゲ夫婦がロンドンで始め、そしてイギリス人の間に次第に広がっていった幼稚園は、園での日課は午前中に終わり、午後は自宅の母親の下で、午前中に園でやった遊びや「仕事」を継続して発展させることを目標としていた。[27] それは有識・富裕階級の子女を収容した。

こうしてイギリスでは、フレーベル幼稚園の導入後においては、幼児教育施設は在来の、労働者階級や救貧法の対象である極貧層の子女を対象とする幼児学校と、中・上層の子女を対象とする幼稚園とが並立することとなった。[28]

ロンゲ夫妻は、一八五八年に『手引』の第二版を出して、フレーベル主義の普及に努めたが、それから数年後の一八六一年、ロンドンを引き上げてドイツに帰ってしまった。[29] その後イギリスの教育政策との関係もあり、幼稚園運動は停滞する。

イギリスでは、一八七〇年八月に、一八七〇年法と呼ばれる「初等教育法」が制定されて、イギリスの初等教育の制度は新しい時代に入った。[30] この初等教育法は就学前教育のことには、直接触れていないが、しかしその反宗派主義的、自由主義的な教育理念は、幼児教育界にも反映することになった。七〇年代に入って、フレーベル主義が停滞から脱して、再び注目され、フレーベル主義の出版物がおびただしい数出ている。

一八七三年には、「マンチェスター・フレーベル協会」が結成された。一八七四年には、「ロンドン・フレーベル協会」が、ドイツから来ていたヘールヴァルト嬢、ミカエリス夫人などを中心メンバーとして設立され、翌七五年になって協会は「キンダーガルテン方式促進のためのフレーベル協会」という名称を用いることを決め、この協会が公認する加盟キンダーガルテンの普及と、そのための教師養成に努力することになった。[31] この二つのフレーベル協会の活動によって、各地に幼稚園が開設され、保母養成機関も設けられて、幼稚園運動は急速に進展を見せるようになる。

しかし、キンダーガルテンという名称を校名に使いながら、その実キンダーガルテンのことをほとんど理解していない幼児教育施設が多数出現するということもあって、キンダーガルテンの権威を保つためにも、協会公認制と養成制度、教員資格制度、そのための資格試験制度を設ける必要があった。フレーベル協会の努力は、徐々に実っていった。ロンドン市の学校委員会は、一八九六年に至って幼児学校の助教は、今後俸給昇給を受けるためにはキンダーガルテン教師資格証明を持っていなければならないことと定めた(32)。こうして、フレーベル主義の教育は、教員資格試験制度に必須の内容として取り入れられた。そこまでに至る前に協会自身による、協会内での資格試験制度はすでに全国的なものとして整備されていた。そこでそれらを横に連合した連合資格試験制定が考えられるようになった。

マンチェスターのフレーベル協会がロンドンの協会に呼びかけ、ロンドンの協会がこれに応えた。その結果、一八八七年に準備委員会が生まれ、八八年に最初の合同資格試験が実施された。こうして拡大された連合資格試験委員会は、やがて全国フレーベル連合と呼ばれることになった(33)。

ところで、一八七一年にマンチェスターに開園したサルフォード保育所が、イギリス最初の無償幼稚園であるとされる。無償幼稚園は、一九世紀末の時代背景の中で、篤志家たちの寄付、フレーベル主義者たちの献身的な努力によって都市のスラムの子どもたちの生命保障の一手段として設置された。無償幼稚園の設立が活発になるのは、二〇世紀になってからである。一九一九年の保育学校規定で保育学校に補助金が交付されるに及んで、無償幼稚園は名称を保育学校に変更した(34)。それは、これまで上流および中産階級を対象にしたフレーベル主義幼稚園運動が、直接、貧民・労働者の幼児を対象にする保育運動に発展したことを物語る。それは、幼児学校の幼稚園化＝近代化の努力とともに、イギリスにおけるフレーベル主義幼稚園運動の拡大発展であった[35]。イギリスでは、一九一八年教育法、いわゆるフィッシャー教育法が、保育学校の施設を国民学校制度の一部として認可したといわれる[36]。

さて、一八九〇年代になると、アメリカの児童研究運動が契機となり、デューイ（John Dewey, 1859-1952）らによるフレーベル批判、とりわけ恩物批判がイギリスにもたらされた。二〇世紀になると、幼児教育の主要関心は、マクミラン姉妹の活動に代表されるように、保育学校段階の年齢の子どもの保育に移っていく[37]。またこの時期、モンテッソーリの幼児教育思想や教具もイギリスに紹介され、一つのブームを作った。

イギリスにおけるフレーベル運動の意義は、幼児教育の重要性について一般の関心を呼び起こした点、教員養成施設の開設、教員資格試験の実施、資格付与などによる教員養成と教員の質向上に貢献した点などが挙げられる[38]。

三　アメリカにおける幼稚園の発展

フレーベル主義幼稚園のアメリカへの紹介は、バーナード（Henry Barnard, 1811-1900）によるものであった。当時コネティカット州教育長であったバーナードは、一八五四年、ロンドンで開かれた教育博覧会を参観し、そこで展示されていたフレーベルの恩物に興味を引かれ、幼稚園に深い関心を持った。この参観について、彼は帰国後直ちにコネティカット州知事宛に報告書を提出し、一八五六年には『アメリカ教育誌』に「フレーベルの幼稚園の体系」と題する一文を載せた[39]。これは、アメリカにおける幼稚園に関する最初の論文である。

アメリカにおける最初の幼稚園は、一八五五年にウィスコンシン州ウォータータウンにおいて、ドイツ婦人シュルツ（Margarethe Meyer Schurz, 1832-1876）によって、彼女の私宅に開設された。一八五八年には、オハイオ州コロンバスにおいて、ドイツでフレーベルに直接指導を受けたフランケンバーグ（Caroline Louise Frankenberg）によって、アメリカ第二の幼稚園が開設された。どちらもドイツ語幼稚園であった。

アメリカにおける幼稚園運動にとって、最も偉大な貢献をした人物として、ピーボディ（Elizabeth Palmer Peabody, 1804–1894）を挙げることができる。彼女の妹メアリ（Mary Mann）は、アメリカの偉大な教育行政家ホレース・マン（Horace Mann, 1796–1859）の夫人であり、彼女は早くからマンの感化も受けて、彼の教育運動に対して関心を持っていた。一八六〇年に彼女は、アメリカ最初の英語会話幼稚園をボストン市ピンクニー通りの彼女の私宅に開設した。(40)

彼女は、一八六七年にドイツのハンブルクに赴いて、フレーベル未亡人ルイーゼ（Louise Fröbel, 1815–1900）について直接指導を受け、フレーベルの教育方法を学んだ。一八六八年に帰国し、それ以後、彼女はフレーベル主義の普及のために定期刊行物を発行したり、数多くの著作や論文を著わし、あるいは教授や講演を通して、アメリカにおける幼稚園教育運動の先駆的な伝道者としての役割を果たした。

ピーボディに次いで、その役割が大きかったのは、クリーゲ夫人（Matilda H.Kriege, 1820–1899）、クラウス＝ベルテ夫人（Maria Kraus-Boelte, 1836–1918）、マーウェデル女史（Emma Jacobina Christiana Marwedel, 1818–1893）のドイツの三婦人であった。

クリーゲはベルリンのマーレンホルツ＝ビューロー夫人の幼稚園女教員養成所で教育を受け、一八六七年、幼稚園の教育方法をアメリカに伝えるためにその娘アルマとともにニューヨークへやって来た。翌年、ピーボディの妹マン夫人の要請により、クリーゲは娘とともにボストンのピーボディ女史の幼稚園女教員養成所の指導に当たった。(41)これはアメリカにおける最初の英語によるフレーベル主義の幼稚園女教員養成学校であった。

クラウス＝ベルテは、ハンブルクでフレーベル未亡人ルイーゼの指導を受け、イギリスにおける幼稚園の創設者であるロンゲ夫妻の帰独後、その幼稚園の指導を引き受け、一八六二年のロンドンの国際博覧会には幼稚園教材等の展示に尽力したが、一八七二年、ハイネス女史の招きでアメリカに渡り、一八七三年ニューヨークのハイネス女史の私立学校に幼稚園および幼稚園女教員養成所を付設し、その指導に当たった(42)。この養成所の最初の生徒の一人が、後に述べるブロウであった。

マーウェデルは、一八七〇年、ピーボディの招きで来米し、ロングアイランドのブレンウッドに女子産業学校を設立し、一八七二年にはワシントンに同様の学校と幼稚園および幼稚園女教員養成学校を設立した(43)。その後、一八七六年、彼女はロスアンジェルスに移り、C・M・セベランス夫人の支援を得て幼稚園および幼稚園女教員養成所を開いた。

ところで、一八七六年のアメリカ独立百年を記念するフィラデルフィア万国博覧会は、アメリカの幼稚園運動の発展において重要な契機となった(44)。この博覧会における大成功は、幼稚園関係者に、この後に開かれる博覧会を幼稚園の原理の一般的な理解と普及を図る好機として力を入れさせることになる。こうした諸種の博覧会を一つの契機にして、幼稚園は全米に浸透し、発展していった。もちろん、これらの幼稚園はすべて英語幼稚園であった。

また、この時期に、フレーベル主義者や幼稚園関係者の団体が発足した。サンフランシスコ公立幼稚園協会、ゴールデンゲート幼稚園協会などが設立された。また、一八九四年開催されたシカゴにおける母親会議が一八九七年全米母親会議へ発展し、幼稚園の発展に寄与した。

キリスト教の教会がその福音宣教という使命を果たすための宗教教育あるいは伝道事業の中で、貧民救済的、社会改良的性格を持つ慈善幼稚園の教育を、教会の事業の中に取り入れて実践していくようになる(45)。一八七七年、アメリカ最初の教会立幼稚園がオハイオ州トレドの三位一体教会によって設けられ、翌年、牧師R・ヒーバー・ニュートンの指導の下にアンソン記念教会が設立した幼稚園がそれに続いた。それ以来、教会および信徒団によって幼稚園が設けられた。さらに、教会の幼稚園事業は国内に限られることなく、伝道事業の一環としてトルコ、中国、日本などのアジアにも拡大された。

さて、幼稚園を推進する団体および組織は、やがて横の連携を作り出す。その最初のものが、一八七七年ボストンにおいてピーボディを中心に結成されたアメリカ・フレーベル連合である。(46) 一八八四年、すでに一二年まえ（一八七二年）に結成されていた全米教育協会のマジソン大会において、幼稚園部を設けることが決定され、翌年、それはヘイルマンをその長として発足することになった。(47) アメリカ・フレーベル連合もこれに発展・解消することになった。

一八九二年、サラトガで開かれた全米教育協会の第三二回年次大会において、国際幼稚園連合が作られることになった。(48) やがて、幼稚園関係者は、全米教育協会幼稚園部よりも、彼らの利害を直接代弁する彼らだけの独立団体としてこの連合に結集し、力を入れてゆく。

アメリカ最初の公立幼稚園は、一八七〇年、ピーボディの影響によってボストンに生まれたが、アメリカ公立幼稚園史において最も注目されるのは、セントルイスの公立幼稚園である。ヘーゲル哲学を信奉し、セントルイス哲学協会の創立者でもあったハリス（William Torrey Harris, 1835-1909）は、一八六七年、セントルイスの教育長に就任し、すでに一八七〇年、教育委員会に対し、学校教育体系の一部として幼稚園を採用することを勧告した。(49) この勧告は、一八七三年、クラウス＝ベルテ夫人の弟子ブロウ女史（Susan Elizabeth Blow, 1843-1916）がセントルイスに招かれることによって実現した。

ブロウは、ベルテが一八七二年にニューヨークに開設した幼稚園教員養成学校に入学して、幼児教育の理論と実際を学んだ。ブロウは、セントルイス市の公立学校幼稚園の監督者として実際指導に当たると同時に、幼稚園教育の教員養成学校をも創設し、幼稚園教育の実質的な向上発展のために多大の努力と貢献を捧げた(50)。ブロウは、フレーベル主義教育原理に対する最も忠実な理解者であり、積極的な伝道者として、セントルイス市の一〇年間において、フレーベル主義の全盛期をもたらした。ブロウは、アメリカの公立学校における「幼稚園の母」と呼ばれ、フレーベル亡き後の最も偉大な幼児教育者として讃えられている(51)。

セントルイスの公立幼稚園の名声は、アメリカ全土に広がり、アメリカのあらゆる地方から見学者が訪れ、セントルイスは学校関係者の興味の中心となった。その後、ハリスは連邦教育局長として活躍し、ブロウは保守的フレーベル主義幼稚園のリーダーとして多彩な活動を展開する(52)。

ところで、一九〇〇年代に入ると、フレーベル主義幼稚園は、進歩主義教育の立場から批判されるようになる。進歩主義教育とは、児童生徒の個性や能力、直接経験を尊重する立場であり、新教育ともいう。

児童研究運動の創始者であるホール（Granville Stanley Hall, 1844-1924）、アメリカを代表する教育学者デューイ、デューイの後継者であるキルパトリック（William Heard Kilpatrick, 1871-1965）は、フレーベルが子どもの自己活動を尊重する点は、評価しつつも、共通する点として、フレーベルの神秘主義思想、恩物の体系や順序を厳しく批判した。また、同じ頃モンテッソーリ主義がアメリカへ入ってきて、一時期流行した。しかし、モンテッソーリ主義は、キルパトリックを中心とする進歩主義幼稚園の勢力から厳しく批判され、その流行は一時的なものに終わった(53)。

こうしてアメリカでは、保守的フレーベル主義幼稚園は退潮し、進歩主義幼稚園が登場した。一九一三年前後のモンテッソーリ主義のブームも、進歩主義が保守主義に対して勝利することに貢献する以外のものではなかった。「しかし、進歩主義幼稚園はフレーベル主義幼稚園がアメリカではたした歴史的役割を高く評価した。また、それはフレーベルそのものを否定するものではなかった。それは、アメリカの民主主義社会にふさわしく幼稚園を改造することこそ、フレーベルの精神にしたがうものであることを力説した。[54]」

四　わが国におけるフレーベル主義幼稚園の展開

わが国では、江戸時代にすでに幼児教育の思想やその施設の提唱が見られるが、幼児のための保育機関が制度化されたのは、明治維新以降である。一八七二（明治五）年の「学制」の中に幼児教育機関についての規定が見られる。[55]

わが国最初の本格的な幼稚園は、一八七五（明治八）年にわが国最初の女子教員養成学校として設立された東京女子師範学校の附属幼稚園として、一八七六（明治九）年に創設された。東京女子師範学校附属幼稚園は、欧米を歴訪して幼稚園の有用性を認めた文部大輔田中不二麻呂および東京女子師範学校摂理（校長）中村正直の尽力によって創設され、わが国最初のフレーベル主義の幼稚園として、幼稚園教育の基となった。初代監事（園長）には、東京女子師範学校で英語教師を勤めていた関信三、主席保母にはドイツでフレーベル流の保育法を学んだ松野クララが就任し、欧米のフレーベル主義幼稚園の方法に依拠して恩物中心の保育を行なった。

附属幼稚園の開設には、三つの目的、すなわち、第一に幼稚園の模範を示す、第二に教育の発展を図る、第三に女子師範学校生徒の実習に資するという目的があったようである。[56]教育内容は、松野クララの英語による説明を関信三や初代保母の豊田芙雄、中村正直の娘たか子などが訳して実践している。[57] この幼稚園で実施された教育項目は、物品科、美麗科、知識科の三科目に分けられていた。[58] 物品科は、幼児の日常生活に親しい器具、花鳥等の物を幼児に見せてその名を教え、美麗科は、きれいな子どもの好きそうな色彩や絵画を見せて美麗の心を養い、知識科は、フレーベルの恩物や計算、唱歌、説話等によって知識を啓発するものであった。

フレーベルが開発した遊具が導入され、ここではそれが二十種の恩物、すなわち積木遊びとして保母の指示によって行なわれた。この二十恩物は、フレーベルの恩物体系そのものではないと指摘されている。すなわち、「関のあげる二十恩物はウィーブの『子ども時代の楽園』およびシュタイガー社製造の遊具の種類・順序と完全に一致しており、関による二十恩物の紹介は、一八七〇年代のアメリカ同様、ウィーブやシュタイガー社製造の「二十遊具」(twenty gifts) の影響を色濃く受けたものであったことがわかるのである。[59]」また、フレーベルが製作した遊具の名称を「恩物」と翻訳したのは関信三でないかと言われている。[60] 明治一〇年代以降、この附属幼稚園にならって各地に幼稚園が設立され始めるが、恩物中心の保育形態はそれらの幼稚園にも大きな影響を与えた。

ところで、明治一〇年代、一八七六年前後からプロテスタント系教会の婦人宣教師たちが伝道目的の女学校を設立し、そこに幼稚園を附設し、恩物教育を実践し始めていた。だが、彼女たちは恩物の使用のみならず、フレーベル教育の真髄としてその思想や理論をわが国に熱心に紹介した。[61]

一八八七(明治二〇)年、札幌においてミッションボードの反対を押し切って独力で女塾(後の北星女学校)を開設したサラ・C・スミス(Salah C.Smith)は、その二年後には「スミス女学校」の認可とミッションボードの資金をも得て運営を軌道に乗せた。[62] 一八九四(明治二七)年、スミスを支援するために派遣されたクララ・H・ロース(Klara H.Rose)は、北星に赴任したものの、その翌年には隣りの町、小樽に静修女学校を開設した。[63]

一八八七（明治二〇）年、米国婦人伝道協会から派遣されて神戸教会に赴任したハウ（Annie Lyon Howe）は、すぐに幼稚園の設立計画に着手し、また市内の幼稚園などで保育学を講義した。その二年後には神戸に頌栄保母傳習所と付属幼稚園を創設した(64)。ハウは、フレーベル教育論や恩物法を教える一方で、フレーベル関係書を精力的に英文から和訳している。ハウ自身の最初の著書は、一八九三（明治二六）年の『保育学初歩』である(65)。これは、保母伝習所のテキストで、フレーベルの恩物法の解説書である。

主に日本で幼児教育に携わる婦人宣教師は、一九〇六（明治三九）年に各プロテスタント・キリスト教会合同の超教派的組織"Japan Kindergarten Union"（日本幼稚園連盟）を発足させた(66)。東京保母伝習所のロールマン（E.L.Rolman）が提案し、ハウが初代会長となった。

さて、一八九二（明治二五）年には、東京女子師範学校附属幼稚園に分室が開設され、貧児のために一日六、七時間の無料保育を実施し、貧民や労働者子弟のための簡易幼稚園のモデルを提示した(67)。そこでの一日の保育時間は、平日は午前八時から午後二時まで（土曜日は正午まで）で、本園よりも長時間となっている(68)。本園では、当初の一日の保育時間は、四時間であり、季節によって始めと終わりは幾分の差はあったが、大方は、午前一〇時頃から午後二時まであったようである(69)。

東京女子師範学校に、一八七八（明治一一）年に保母練習科が設置され、全国各地の幼稚園開園のために保母の養成がなされた。同校は、一八八五（明治一八）年八月、東京師範学校女子部となり、一八九〇（明治二三）年三月東京女子高等師範学校となった。

一八九六（明治二九）年に発足した、東京女子高等師範学校附属幼稚園に事務局を置くフレーベル会（会長は東京女子高等師範学校校長）は、幼稚園が、小学校以上の学校と比較して、制度上明確な位置づけを得ていないとし、幼稚園のための教育令を制定するよう、文部大臣に対して建議した(70)。一八九九（明治三二）年、わが国最初の幼稚園の施設設備、保育内容、保育時間など幼稚園の基本的な事柄を定めた国の規定「幼稚園保育及設備規程」が制定された(71)。

一九〇〇（明治三三）年、小学校令が改正され、幼稚園は、小学校に附属して設置できるようになった(72)。しかし、幼稚園の普及は依然として低迷していた。

ところで、東京女子高等師範学校助教授であり、一九〇七（明治四〇）年に附属幼稚園主事となった和田実（一八七六―一九五四）は、一般の家庭の子どもにも幼稚園が必要であると主張し、遊戯を中心とする幼児教育の体系を明らかにした(73)。和田実の後を継いで、東京女子高等師範学校教授兼附属幼稚園主事となった倉橋惣三（一八八二―一九五五）の保育思想には、幼稚園における子どもの集団のもつ教育の独自性をふまえ、遊戯論を基礎に一元的に論理を展開しようとする姿勢を見ることができる(74)。「相互主義」ということで、幼稚園での集団保育の内容を捉え、そのことにおいて「自発的生活」が保障されるものと倉橋は考えた。

さて、わが国の託児所が誕生するのは、明治二〇年代から三〇年代にかけてである。農民が都市へと流れ込み、そうした労働者大衆を対象として託児所が作られた。その典型が、一九〇〇（明治三三）年設立の二葉幼稚園（大正四年に二葉保育園と名称を変更）で、その設立趣意書は、託児所思想の出発点を明らかにしている。二葉幼稚園は、フレーベルの本来の精神に立ち返り、不幸な子どもたちをして「良き境遇におき教育を施」すことを目指して発足する(75)。昭和期に入ると託児所は急速に発達している。

ところで、わが国で活躍するフレーベル教育の継承者には、J．K．U．とキリスト教保育連盟の要職を担ったG・キュックリッヒ（Gertrud Elisabeth Kücklich, 1897-1976）がいる(76)。彼女は、東京保育女学院、鐘ヶ淵子供の家、鐘ヶ淵幼稚園を設立し、また向島教会付属幼稚園の設立を支援している。一方、東洋英和女学院幼稚園保育師範科などで保育学を教えたが、これらの授業では『母の歌と愛撫の歌』や『人間の教育』などを講義し、フレーベルの教育精神を生徒に伝えている。

マーガレット・クック（Margaret M.Cook）は、一九〇四（明治三七）年、広島の英和女学校（一九〇六年に広島女学校に改名）の保母養成科と付属幼稚園教師として赴任してきた。(77) その三年前に着任していたマコーレー（F.McCauley）とともに、彼女はアメリカの進歩主義教育を受けてきた宣教師でもあった。クックは、広島時代にJ.K.U. の副会長になるが、一九二一（大正一〇）年にはランバス女学院に移籍し、この時代に会長を二期努めた。

アルウィン（Sophia Arabella Irwin, 1883-1957）は、一九一六（大正五）年に、東京麹町に玉成保姆養成所と付属幼稚園を設立した。(78) 彼女は、宣教活動の一環としてではなく、一般的キリスト教徒の信念によって保育者養成や幼稚園の実践を展開した。彼女は、フレーベルの思想と遊具を教育の中心に据え、その上でアメリカ進歩主義教育者による遊具やモンテッソーリ教育法を導入した。彼女は、「玉成《ぎょくせい》」という自らの施設名をフレーベルの恩物から名づけたほどにフレーベル教育に心中を傾け、研鑽を積んできた。

一九一〇年代、すなわち大正初期は、民主主義の思想が発展する時期であった。欧米の新教育運動、児童中心主義の教育思想が移入された。一九二二（大正一一）年には、わが国の八名の新教育思想が『八大教育主張』として刊行された。

アメリカでは、進歩主義教育の起こりと相まって、一八八〇年頃から、フレーベル主義への批判が高まってきた。スタンレー・ホール、デューイ、キルパトリックらは、フレーベルにおける子ども観、発達観、自己活動の尊重などを高く評価する反面、神秘主義思想と恩物体系を批判した。

倉橋惣三は、「フレーベル主義新釈」や『フレーベル』において、フレーベルの幼稚園教育学を評価する一方、独自のフレーベル解釈を示している。倉橋は、フレーベルは瞑想癖があり、瞑想的な性質であったとする。つまりフレーベルは、物事を難しく考える性質であった。したがってフレーベルの教育学は、いわゆる象徴主義と論理主義に特徴がある。それゆえフレーベルの恩物は、統一的な法則性を有する「系列玩具」[79]なのである。しかし倉橋は、そうした恩物の法則性を批判的に見ている。倉橋は、フレーベルの遊具を恩物としてではなく、単なる玩具として使用すべきであると主張する。[80]

倉橋たちの長年に亘る幼稚園教育の実践と運動の総決算として、一九二六（大正一五）年四月二二日に、念願の「幼稚園令」が、文部省により、わが国最初の幼稚園に関する単独の勅令として、制定された。[81]沢柳政太郎や野口援太郎などの大正新教育の唱導者たちの支援もあって、幼稚園の政令化運動はここに結実した。「こうしてみると、これまでの上流・富裕階層から一般の家庭層における幼児の教育と保護を目ざすこの「幼稚園令」は、新教育の保育観を反映したものであった。[82]」

倉橋が児童保護の観点をも含めて幼稚園を捉えたのは、東京女子師範学校附属幼稚園に託児所的な「分室」が設置されていたこと、貧民幼稚園の実践者である二葉幼稚園の野口幽香や神戸幼稚園の望月くになどに感化され共鳴していた事情もある。[83]一九三〇年代に入り、国家主義体制が強化されてくると、次第に倉橋の主張も変質していった。「倉橋は戦時下における家庭教育振興運動の推進役であったが、その根底には天皇制の「国家社会全体の機能があった[84]」ともいわれる。

昭和前期のフレーベル研究の代表的な著作には、後藤真造の著書『教育者としてのフレーベル研究』（一九三〇（昭和五）年）と小川正行の著書『フレーベルの生涯及思想』（一九三二（昭和七）年）がある。[85]

長田新（一八八七―一九六一）は、初代日本教育学会会長を務め、主として西洋哲学史、教育哲学、ペスタロッチー教育学、そして平和学を研究領域としていたが、またフレーベル研究者でもあった。(86) 長田のフレーベルに関する業績としては、『児童神性論』（一九二四（大正一三）年）に始まり、『フレーベル自伝』（一九三七（昭和一二）年）がある。

長田の教育史学の全体を貫いていたものは、英米の文献を通してフレーベルを理解することではなく、ドイツ語の原典に依拠したフレーベルの「真精神」の理解への接近にある。(87) この研究方法は、荘司雅子に継承され、彼女は、『フレーベルの教育学』や『フレーベル研究』を著わし、その後のわが国のフレーベル研究は、彼女の研究に触発されて発展していくことになる。

本章で考察してきたように、フレーベル主義幼稚園は、ドイツ、イギリス、アメリカ、わが国において、それぞれ独自に発展していった。フレーベルの神秘主義思想や恩物体系は、難解なため、必ずしも十分に理解されなかったように見受けられるが、フレーベルの幼稚園教育学における子どもの自己活動や遊戯を尊重し、家庭生活を支援しようとする理念や、保育者・幼児教育の指導者の養成という課題も、各国の実情に合った形で展開していったことがわかる。こうして、時代の変遷を経ても、今日世界中に広く流布している幼稚園の起源が、フレーベルの幼稚園にあることが明らかになるのである。

注（第二部第五章）

（1）　梅根悟監修、世界教育史研究会編『世界教育史体系21　幼児教育史Ⅰ』講談社、一九七四年、二三八頁、参照。

(2) 小笠原道雄『フレーベル』清水書院、二〇〇〇年、一七四―一七五頁、参照。
(3) 前掲、『世界教育史体系21　幼児教育史Ⅰ』、二五八頁。
(4) 同書、二五八―二五九頁。
(5) 同書、二五九頁。
(6) 同書、二五九頁。
(7) 同書、二六〇頁。
(8) 同書、二六〇頁。
(9) 同書、二六一頁。
(10) 同書、二六一頁。
(11) 同書、二六一―二六二頁。
(12) 同書、二六三頁。
(13) 同書、二七九―二八二頁、参照。
(14) 同書、二八二頁。
(15) 同書、二八三頁。
(16) 岩崎次男編『近代幼児教育史』明治図書、一九七九年、四六頁。
(17) 同書、四六頁。
(18) 前掲、『世界教育史体系21　幼児教育史Ⅰ』、二九五―二九七頁。
(19) 同書、二九七―二九八頁。
(20) 同書、二九八頁。

(21) 同書、三〇一頁。
(22) 同書、三〇二頁。
(23) 同書、三〇三頁。
(24) 同書、三〇三―三〇四頁。
(25) 同書、三〇四頁。
(26) 同書、三〇七頁。
(27) 同書、三〇七頁。
(28) 同書、三〇八頁。
(29) 同書、三〇四頁。
(30) 同書、三〇五頁。
(31) 同書、三〇七―三〇九頁。
(32) 同書、三一二頁。
(33) 同書、三一二頁。
(34) 前掲、岩崎次男編『近代幼児教育史』、五六―五七頁。
(35) 梅根悟監修、世界教育史研究会編『世界教育史体系22　幼児教育史Ⅱ』講談社、一九七五年、三六頁。
(36) 同書、五七頁。
(37) 前掲、岩崎次男編『近代幼児教育史』、五九頁。
(38) 同書、五九―六〇頁。
(39) 同書、六二頁。

(40) 前掲、『世界教育史体系21　幼児教育史Ⅰ』、三一六頁。
(41) 前掲、岩崎次男編『近代幼児教育史』、六五頁。
(42) 同書、六六頁。
(43) 同書、六六頁。
(44) 同書、六六―六八頁。
(45) 前掲、『世界教育史体系21　幼児教育史Ⅰ』、三一八―三二〇頁、参照。
前掲、岩崎次男編『近代幼児教育史』、七一―七二頁、参照。
(46) 前掲、岩崎次男編『近代幼児教育史』、七二頁。
(47) 同書、七三頁。
(48) 同書、七三頁。
(49) 同書、七四頁。
(50) 前掲、『世界教育史体系21　幼児教育史Ⅰ』、三二四頁。
(51) 同書、三二五頁。
(52) 前掲、岩崎次男編『近代幼児教育史』、七五頁。
(53) 同書、八〇頁。
(54) 同書、八六頁。
(55) 前掲、『世界教育史体系21　幼児教育史Ⅰ』、三三二頁。
(56) 湯川嘉津美『日本幼稚園成立史の研究』風間書房、二〇〇一年、二一二頁。
(57) 酒井玲子『わが国にみるフレーベル教育の探求』共同文化社、二〇一一年、三〇頁。

(58) 倉橋惣三・新庄よし子共著『日本幼稚園史』臨川書店、一九三〇年（初版）、一九八三年（複刻版）、六八―七一頁、参照。
(59) 前掲、湯川嘉津美『日本幼稚園成立史の研究』、一八一頁。
(60) 前掲、酒井玲子『わが国にみるフレーベル教育の探求』、三五頁。
(61) 同書、五六頁。
(62) 同書、五七頁。
(63) 同書、六〇頁。
(64) 同書、六四頁。
(65) 同書、七二頁。
(66) 同書、七六頁。
(67) 同書、二八頁。
(68) 前掲、『世界教育史体系21　幼児教育史Ⅰ』、三三五―三三六頁。
(69) 同書、三四九頁。
(70) 同書、三三七―三三八頁。
(71) 同書、三三八頁。
(72) 前掲、『世界教育史体系22　幼児教育史Ⅱ』、九六頁。
(73) 同書、一〇六頁。
(74) 同書、一一一頁、参照。
(75) 同書、一二〇頁。

(76) 前掲、酒井玲子『わが国にみるフレーベル教育の探求』、八二頁。
(77) 同書、八五頁。
(78) 同書、一三〇—一三一頁。
(79) 倉橋惣三『倉橋惣三選集第一巻』フレーベル館、一九六五年、三七八頁。
(80) 倉橋惣三『倉橋惣三選集第二巻』フレーベル館、一九六五年、二〇一頁。
(81) 前掲、酒井玲子『わが国にみるフレーベル教育の探求』、一一六頁。
前掲、『世界教育史体系22　幼児教育史Ⅱ』、一三〇頁。
(82) 前掲、酒井玲子『わが国にみるフレーベル教育の探求』、一一八頁。
(83) 同書、一一八頁。
(84) 同書、一二一頁。
(85) 同書、一三四頁、一四三頁。
(86) 同書、一六八頁。
(87) 同書、一九三頁。

参考文献

一　フレーベルの著作の邦訳書

小原國芳・荘司雅子監修『フレーベル全集』第一巻（教育の弁明）玉川大学出版部、一九七七年。

小原國芳・荘司雅子監修『フレーベル全集』第二巻（人の教育）玉川大学出版部、一九七六年。

小原國芳・荘司雅子監修『フレーベル全集』第三巻（教育論文集）玉川大学出版部、一九七七年。

小原國芳・荘司雅子監修『フレーベル全集』第四巻（幼稚園教育学）玉川大学出版部、一九八一年。

小原國芳・荘司雅子監修『フレーベル全集』第五巻（「続幼稚園教育学」・「母の歌と愛撫の歌」）玉川大学出版部、一九八一年。

フレーベル、岩崎次男訳『人間の教育1』（世界教育学選集9）明治図書、一九六〇年。

フレーベル、岩崎次男訳『人間の教育2』（世界教育学選集10）明治図書、一九六〇年。

フレーベル、岩崎次男訳『幼児教育論』（世界教育学選集68）明治図書、一九七二年。

フレーベル、荒井武訳『人間の教育（上）』岩波書店、一九六四年。

フレーベル、荒井武訳『人間の教育（下）』岩波書店、一九六四年。

H・ケーニッヒ編、岩崎次男他訳『フレーベル賛歌――子どもと人間の友あての女性たちの書簡』フレーベル館、一九九一年。

二　フレーベルに関する研究書（和文）

岩崎次男・林信二郎・酒井玲子・白川蓉子・阿部真美子・山口一雄『フレーベル人間の教育』有斐閣、一九七九年。

岩崎次男『フレーベル教育学の研究』玉川大学出版部、一九九九年。

岡田正章編『フリードリッヒ・フレーベル、いま、私たちが学ぶもの』フレーベル館、一九八二年。

小笠原道雄『フレーベルとその時代』玉川大学出版部、一九九四年。

小笠原道雄『フレーベル』清水書院、二〇〇〇年。

倉岡正雄『フレーベル教育学概説』建帛社、一九八二年。

倉岡正雄『フレーベル教育思想の研究』風間書房、一九九九年。

小玉衣子『フレーベル近代乳幼児教育・保育学の研究――フリードリッヒ・フレーベル著「母の歌と愛撫の歌」の教育方法学的検討から』現代図書、二〇〇九年。

酒井玲子『わが国にみるフレーベル教育の探求』共同文化社、二〇一一年。

荘司雅子『フレーベルの教育学』玉川大学出版部、一九八四年。

荘司雅子『フレーベル研究』玉川大学出版部、一九八四年。

荘司雅子『フレーベル「人間の教育」入門』明治図書、一九七三年。

荘司雅子『フレーベルの生涯と思想』玉川大学出版部、一九七五年。

白川蓉子『フレーベルのキンダーガルテン実践に関する研究――「遊び」と「作業」をとおしての学び』風間書房、二〇一四年。

田岡由美子『フレーベルにおける「予感」の研究――解釈学的・人間学的考察』高菅出版、二〇一四年。

豊泉清浩『フレーベル教育学研究――父性と母性・ユング心理学の観点から』川島書店、二〇一四年。

山口文子『F．フレーベルにおける遊戯思想の成立と展開に関する研究――教育思想的及び音楽教育的考察』岩崎学術出版社、二〇〇九年。

日本ペスタロッチー・フレーベル学会編『ペスタロッチー・フレーベル事典〈増補改訂版〉』玉川大学出版部、二〇〇六年。

三　フレーベルに関する研究書の邦訳書

J・H・ボードマン、乙訓稔訳『フレーベルとペスタロッチ――その生涯と教育思想の比較』東信堂、二〇〇四年。

R・ボルト、W・アイヒラー、小笠原道雄訳『フレーベル　生涯と活動』玉川大学出版部、二〇〇六年。

O・F・ボルノウ、岡本英明訳『フレーベルの教育学――ドイツ・ロマン派教育の華』理想社、一九七三年。

E・ヘールヴァルト編、小笠原道雄・野平慎二訳『フレーベルの晩年――死と埋葬』東信堂、二〇一四年。

H・ハイラント、小笠原道雄・藤川信夫訳『フレーベル入門』玉川大学出版部、一九九一年。

マーレンホルツ－ビューロー、伊藤忠好訳『教育の原点――回想のフレーベル』黎明書房、一九七二年。

ヨハネス・プリューファー、乙訓稔・廣嶋龍太郎訳『フリードリヒ・フレーベル――その生涯と業績』東信堂、二〇一一年。

E・シュプランガー、小笠原道雄・鳥光美緒子訳『フレーベルの思想界より』玉川大学出版部、一九八三年。

四　幼児教育史関係

岩崎次男編『近代幼児教育史』明治図書、一九七九年。

梅根悟監修、世界教育史研究会編『世界教育史体系21　幼児教育史Ⅰ』講談社、一九七四年。

梅根悟監修、世界教育史研究会編『世界教育史体系22　幼児教育史Ⅱ』講談社、一九七五年。

乙訓稔『西洋近代幼児教育思想史――コメニウスからフレーベル』東信堂、二〇〇五年。

乙訓稔『西洋現代幼児教育思想史――デューイからコルチャック』東信堂、二〇〇九年。

倉橋惣三・新庄よし子共著『日本幼稚園史』臨川書店、一九三〇年（初版）、一九八三年（複刻版）。

荘司雅子編『幼児教育の源流』明治図書、一九七六年。

湯川嘉津美『日本幼稚園成立史の研究』風間書房、二〇〇一年。

あとがき

本書は、保育学や教育学を学ぶ方、保育所、幼稚園、学校等で保育や教育に携わっている方が、フレーベルについて学ぶ際の参考になればと思い、入門書として執筆した。初めてフレーベルに触れる方には、フレーベルの著作からの引用が多くなった点や、筆者の力不足のため、若干難しく感じられる部分もあるかもしれない。また、フレーベルの球体法則は難解であるため、読者にわかりやすく伝えられたか心もとない。それでも、フレーベルの生涯の概要、フレーベルの学校教育学と幼稚園教育学の要点、さらにフレーベル主義幼稚園の影響の大筋については論述できたと思っている。

フレーベルが子どもの自己活動を促進し、子どもの善性を開花させるために心血を注ぐ姿は、バート・リーベンシュタインで、マーレンホルツ＝ビューロー夫人が偶然初めてフレーベルに出会った日の描写に生き生きと表現されている。フレーベルは、確固とした目標を持ち、あらゆる困難を克服し、その目標を達成しようとする、情熱的で、誠実で、人を引きつける大変魅力のある人物であった。そのため遊具の開発と遊戯による幼児の保育の構想は、協力や支援を惜しまない多くの人々に支えられた。

フレーベルは、教育の本拠は家庭であり、学校は家庭生活の延長にあると考えた。また幼稚園も家庭生活を充実させる目的で、それを援助する社会事業として成立した。そしてフレーベル主義幼稚園は、各国に伝播し、各国の実情に即して発展し、今日の幼稚園の基礎を形成した。

さて、本書は、群馬大学教育学部在職中の二〇一三年夏頃に構想を持ち、『フレーベル教育学研究』の原稿がほぼ出来上がった二〇一四年春頃から徐々に書き進めてきた。群馬大学では、先輩、同僚の皆様のご指導、ご支援の下で、教員養成にかかわる実践的な経験を積ませていただいたことに感謝している。学部の授業や教育実習の指導はもとより、教職大学院の授業では現職教員への指導も経験し、多くのことを学ばせていただいた。また、学部の研修旅行で各地を訪れ、同僚教員、学生と温泉に入り、語り合ったことなど忘れがたい思い出である。

この間、教員公募により、二〇一五年四月に文教大学教育学部に異動した。着任に当たり、理事長、学長、学部長を始め多くの方のお世話になったことに感謝申し上げたい。前任校と同様に教員養成に実績のある大学の一員として、実践型教員養成に心がけている。担当している道徳教育に関する科目では、学習指導案の作成や模擬授業にも力を入れている。その一方で、教員養成において、さまざまな理論や教育観を学び、教員としての信念を形成していくことも大切であるので、教育活動の基盤となる教育哲学的思考を育てることも課題としたいと考えている。

本書の執筆に際しては、多くの文献を参考にさせていただいた。本書で参照した文献の著者、訳者並びに出版社に感謝申し上げる。

出版事情が大変厳しい折、今回も本書の出版をお引き受けいただいた川島書店並びに同編集部の松田博明氏に心からお礼申し上げたい。松田氏のご教示とご配慮のおかげで本書の刊行が実現できたことに感謝している。

二〇一六年九月二〇日

豊泉　清浩

著者略歴

豊泉　清浩（とよいずみ・せいこう）

1957年　東京都生まれ

1979年　中央大学文学部哲学科教育学専攻卒業

1985年　青山学院大学大学院文学研究科教育学専攻修士課程修了

1988年　青山学院大学大学院文学研究科教育学専攻博士後期課程満期退学

2000年　博士（教育学）（青山学院大学）

浦和大学短期大学部教授，群馬大学教育学部教授を経て，

現　在　文教大学教育学部教授

主　著　『フレーベル教育学研究』川島書店，2014 年。

『ヤスパース教育哲学序説』川島書店，2001 年。

『森田療法に学ぶ』川島書店，2006 年。

『いま教育を考えるための８章（改訂版）』（共著）川島書店，1999 年。

『教育人間科学の探求』（共著）学文社，2011 年。

『仏教的世界の教育論理』（共著）法蔵館，2016 年。

フレーベル教育学入門

2017 年 3 月 30 日　第 1 刷発行

著　者　豊　泉　清　浩

発行者　中　村　裕　二

発行所　㈲　川　島　書　店

〒 165-0026

東京都中野区新井 2-16-7

電話 03-3388-5065

（営業・編集）電話 048-286-9001

FAX 048-287-6070

印刷・三光デジプロ／製本・平河工業社

落丁・乱丁本はお取替いたします　　振替・00170-5-34102

＊定価はカバーに表示してあります

ISBN978-4-7610-0916-8　C3037

フレーベル教育学研究

豊泉清浩 著

従来のフレーベル研究では，どちらかといえば，幼稚園に力点が置かれてきたが，本書では，彼の独特な世界観・教育思想（球体法則）を新たにユングの分析心理学，とりわけ元型論を方法とし，父性と母性の観点から考究を試みる，著者長年の研究の集大成。 ★ A5・324 頁 本体 5,000 円

ISBN 978-4-7610-0900-7

ヤスパース教育哲学序説

豊泉清浩 著

実存的教育哲学の可能性はボルノーのヤスパース解釈にではなく，ヤスパース哲学そのものに還る必要があるとの問題意識から，ヤスパース教育哲学の根源性のなかに教育目的論再構築の可能性を探り，今日の教育現実に対する彼の哲学の有効性を探究した労作。 ★ A5・382 頁 本体 5,500 円

ISBN 978-4-7610-0746-1

森田療法に学ぶ

豊泉清浩 著

森田療法は，神経症克服のための技法として，わが国独自に発展をとげた精神療法であるが，本書は，著者自身の森田療法体験（日誌）を軸にして，森田療法から学ぶべき考え方と生活法が簡潔にかつ滋味豊かに述べられ，読者は生き方に役立つ指針を与えられよう。 ★四六・182 頁 本体 1,900 円

ISBN 978-4-7610-0832-1

いま教育を考えるための８章 改訂版

松浦良充 編著

いまの教育の現実をあらためて考え直すための学問的視座を提供することをめざした，定評あるテキスト・入門書で，読者とともに考えるという姿勢をたいせつにしながら，基本的な８つの領域を設定して，新スタイルで「わかりやすく・読みやすい」と評判。 ★ A5・208 頁 本体 2,200 円

ISBN 978-4-7610-0685-3

日本教育の根本的変革

村井実 著

私の率直な見解は，「教育」というのは，少なくとも日本では，もともと日本国民個々人の人間的成長や充実や成熟を意図したものではなく，またそうしたことに役立とうという性質のものでもなかったのではないか？ということである。著者渾身の問題提起の書。 ★四六・186 頁 本体 2,000 円

ISBN 978-4-7610-0896-3

川 島 書 店

http://kawashima-pb.kazekusa.co.jp/ （価格は税別 2016 年 12 月現在）